AF474427

Chefs-d'œuvre de la Littérature Religieuse

MINUCIUS FÉLIX

OCTAVIUS

Traduction, Introduction et Notes

PAR F. RECORD

BLOUD & Cie
S. et [illegible]

L'OCTAVIUS DE MINUCIUS FÉLIX

Chefs-d'œuvre de la Littérature Religieuse

L'OCTAVIUS DE MINUCIUS FÉLIX

TRADUCTION

précédée d'une étude sur l'auteur et son livre

ET SUIVIE

d'un Lexique spécial aux noms propres contenus dans l'ouvrage,

PAR

Fr. RECORD

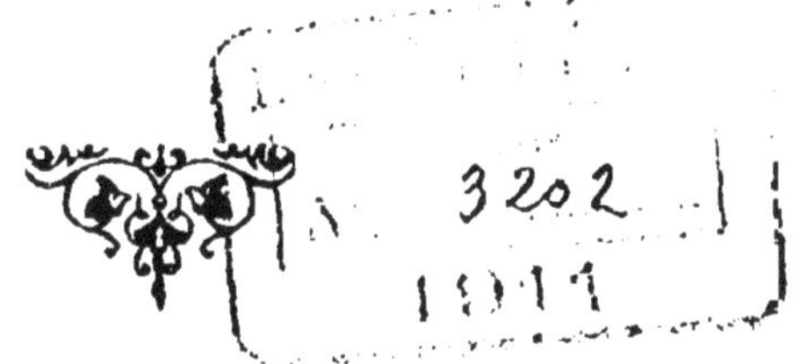

PARIS

LIBRAIRIE BLOUD & Cie

7, PLACE SAINT-SULPICE, 7

1 ET 3, RUE FÉROU. — 6, RUE DU CANIVET

1911

L'OCTAVIUS DE MINUCIUS FÉLIX

Un seul manuscrit *Codex parisianus*, Cf. Introduction.

BIBLIOGRAPHIE

PICHON. — *Littérature latine*, p. 747-751.

MONCEAUX. — *Histoire de la littérature africaine chrétienne*, t. I, chap. dernier.

EBERT. — *Histoire de la littérature du moyen âge en Occident*, t. I, chap. premier.

RENAN. — *Marc-Aurèle*, p. 389, sqq.

BOISSIER. — *Fin du paganisme*, t. I, p. 305-339. (Edition 1891.)

Quelques livres allemands dont *un* particulièrement intéressant :

BEHR. — Der Oktavius von Minucius Felix in seinem Verhältnisse zu den Büchern Ciceros " De natura Deorum „ *(Der Octaviùs von Minucius Félix in seinem verhältnisse zù den Büchern Ciceros « De natura Deorum »* (1).

Traductions parues en 1637 et 1677. La meilleure est celle de Messire GUILLAUME DU MAS, sieur de la Gauterie, etc... à Paris chez la veuve de TOUSSAINT DU BRAY, et JEAN DU BRAY, rue Saint-Jacques (1637). En *1823*, traduction in-8° de PÉRICAUD (à peu près introuvable).

(1) L'*Octavius* de Minucius Félix dans son rapport avec les livres de Cicéron « sur la nature des Dieux. »

PRÉFACE

« Je fis ce petit livre pour tous les lettrés qui fouillent les littératures anciennes, mais il s'adresse surtout à deux catégories de personnes bien différentes : aux gens instruits et âgés déjà, qui ont lu tous les grands auteurs et cherchent en dilettanti les chefs-d'œuvre moins connus du vulgaire ; aux jeunes étudiants, mes camarades, qui se voient imposer souvent aux examens des textes, dont parfois ils ignoraient jusqu'à l'existence. J'ai fait pour tous une traduction qui, malgré ses erreurs, pourra leur donner une juste idée de l'*Octavius* et les guider parfois dans les difficultés rares du texte. J'ai joint à cette traduction (et ceci surtout pour les étudiants) une introduction, où ils trouveront tout ce qu'il est nécessaire de connaître sur l'auteur et son livre, et un petit lexique qui les éclairera sur nombre de personnages mentionnés ou cités par Minucius Félix. Je ne prétends point avoir fait une œuvre originale. Mon introduction, à part quelques idées personnelles, résume les excellents livres parus sur l'Afrique chrétienne, livres dont j'ai réuni au début les titres en une bibliographie suffisamment complète. Quant aux renseignements divers, qu'on trouvera dans le Lexique, ils sont tirés presque tous du remarquable *Dictionnaire de Biographie et d'Histoire* de Dezobry et Bachelet. Je n'ai donc eu pour but qu'épargner un temps précieux à tous les travailleurs, en réunissant dans cet opuscule les divers renseignements nécessaires pour bien comprendre l'*Octavius*. Que les érudits excusent ce travail de jeunesse et que les étudiants trouvent leur utilité à le lire ! Ce sont là mes deux seuls souhaits. »

Paris, novembre 1910. F. RECORD.

SUR L'OCTAVIUS DE MINUCIUS FÉLIX

Ce livre est en général peu connu et cependant il inaugure une nouvelle littérature, cette littérature latine chrétienne, qui devait avoir une si longue survivance, jusqu'au moyen âge. On a montré souvent la chaîne ininterrompue qui unissait un Tertullien ou un Minucius Félix à un saint Thomas d'Aquin par exemple. Dans l'histoire chrétienne, ce sont d'abord les apologistes convaincus qui apparaissent, les polémistes ardents qui cherchent surtout à recruter des adeptes. Puis vinrent les théologiens qui fixèrent les dogmes ; puis les littérateurs « purs » dont le désir était de rivaliser avec la littérature païenne et même de la surpasser ; enfin les premiers prélats du moyen âge. Minucius allie l'âme convaincue d'un apologiste et la ferveur d'un polémiste aux qualités d'un bon littérateur. Et cependant il a eu le sort commun à tous les novateurs. On oublia jusqu'à son nom ; son livre, qui est un livre initial, est bien moins connu que ceux des écrivains postérieurs ! Je serais heureux si cet humble opuscule venant après les travaux nombreux et perspicaces de la critique moderne sur la littérature latine africaine, aidait à faire connaître un peu cet auteur qui fut trop longtemps négligé.

Minucius naquit en Afrique (1). Il y passa toute sa jeunesse, comme le prouvent deux inscriptions trouvées l'une à Tebessa, l'autre récemment à Carthage. Puis il vint à Rome, où nous le retrouvons comme avocat ; il a du talent, si nous en croyons Lactance *(Divinorum institutionum,* liber V cap. I) (2), et saint Jérôme *(De viris illustribus)* (3). Pourquoi avait-il quitté l'Afrique ? Boissier s'est posé la question et y a soigneusement répondu. Il y avait, à cette époque, en Afrique, de nombreuses écoles de rhéteurs : il se formait une littérature africaine. Peut-être ayant obtenu dans son pays de légers succès, avait-il cherché, comme plus tard saint Augustin, un théâtre plus grand et des récompenses plus dignes de sa valeur. Cette hypothèse est plus admissible que celle qui repré-

(1) Renan précise et soutient qu'il naquit à Cirta (notre Constantine). Je crois qu'il fait une erreur et qu'il confond Minucius et un autre personnage du dialogue : *Cecilius Natalis* qui, lui, est originaire de Cirta.

(2) « Minutius Felix, non ignobilis inter causidicos loci fuit. Hujus liber... »

(3) « Minutius Felix Romæ insignis causidicus. »

sente Minucius comme séduit par la gloire et la fortune rapides de son compatriote Fronton, devenu le maître puis l'ami de l'empereur. La vie de l'auteur même contredit et empêche cette supposition. Ne fait-il pas dire à Octavius que les chrétiens méprisent les honneurs (1)? Il vécut simplement toute sa vie et n'écrivit qu'un seul dialogue : l'*Octavius*. Il parut bien à la fin du IVe siècle, sous son nom, un livre *Sur le destin*, mais saint Jérôme nous le donne comme non-authentique. Les renseignements que nous possédons sur cet écrivain, sont, comme on le voit, très peu nombreux. Africain et païen de naissance, il devint Romain et chrétien ; avocat célèbre, il publia un seul livre : l'*Octavius*.

Il est vrai que cet opuscule fit toujours le charme des délicats et suffit à illustrer le nom de son auteur. Halm l'appelle « aurei libelli » (2) et Renan « la perle de l'apologétique chrétienne » (3). Cette apologie encadrée dans un dialogue ne nous fut

(1) « Nos (christiani) purpuras et honores vestros recusamus. »

(2) Préface de l'édition de Halm, corpus des écrivains ecclésiastiques de l'Académie de Vienne (1867).

(3) *Marc-Aurèle*, p. 389. Je m'abstiendrai désormais des références concernant les livres dont j'ai donné la liste au début. J'indiquerai seulement celles qui sont caractéristiques ou se trouveront dans des livres étrangers non indiqués dans ma Bibliographie.

transmise que par un seul manuscrit *(Codex Parisianus)*, et nous la devons, paraît-il, à l'inconscient jeu de mots d'un copiste peu érudit qui, au lieu d'*Octavius*, lut *Octavus*, et le recopia (croyant avoir à faire au VIIIe) à la suite des sept livres de l'*Adversus Nationes* d'Arnobe. Mais si les auteurs s'accordent généralement sur la valeur de l'ouvrage, ils discutent encore sur la date. On a placé successivement la composition de l'*Octavius* sous Antonin, sous Marc-Aurèle, Commode, Septime-Sévère, Caracalla et même Dioclétien (1). Deux faits limitent les hypothèses. Ce sont : 1° la mention de Fronton dans l'*Octavius*; 2° la mention de l'*Octavius* lui-même dans Lactance. On ne peut donc placer la date de cet ouvrage ni avant Antonin, ni après Constantin. En outre, comme cet auteur semble déjà assez ancien pour Lactance et comme ce livre a été écrit certainement dans un moment de paix religieuse, je crois qu'il faut repousser la date au delà des persécutions d'Aurélien et de Dèce.

Mais il nous faut traiter alors une grave question. Cette époque est celle où l'on place ordinairement l'*Apologétique* de Tertullien. Or nous retrouvons dans ces deux livres, non seulement

(1) C'est-à-dire de 138 à 314 environ après J.-C. Le champ ouvert aux conjectures est vaste !

des passages plagiés, mais même des phrases identiques. Quel est l'auteur original ? Il y a trois thèses en présence. Les uns croient Tertullien antérieur (1), d'autres le croient postérieur (2). Enfin certains supposent que les deux auteurs sont également plagiaires et qu'ils ont puisé tous deux à la même source (3).

J'ai dit plus haut quelles raisons me faisaient placer l'*Octavius* avant l'*Apologétique*. Une difficulté subsiste cependant ; c'est la contradiction entre saint Jérôme et Lactance. Je crois que nous pouvons la résoudre grâce à une distinction subtile dont on n'avait pas tenu compte. Saint Jérôme parle d'*hommes ;* il écrit des biographies. Lactance parle d'*auteurs ;* il fait de la littérature. Minucius et Tertullien ont vécu à la même époque. Il n'y a rien qui nous empêche de croire que Tertullien soit né avant Minucius (d'où l'hypothèse de saint Jérôme qui le mentionne avant) ; mais rien non plus ne nous empêche de croire que ce même Tertullien ait composé son *Apologétique* après l'*Octavius*, d'où l'hypothèse de Lactance qui s'occupe uniquement des œuvres et men-

(1) Saint Jérôme, Monceaux, Boissier.

(2) Lactance, Ebert, Renan.

(3) On propose un certain *Proclus* inconnu et un Romain nommé *Appolonius*. Ces hypothèses sont d'ailleurs incontrôlables !

tionne Minucius comme antérieur à Tertullien (1).

Je ne résumerai pas ce livre. Il n'est point si long et si désagréable qu'on ne puisse le lire en entier. C'est une promenade-causerie en 5 actes (2). Comme dans toute bonne pièce, ce sont le IIe et le IVe acte qui sont les plus importants. C'est au IVe acte qu'est le centre de l'œuvre et tout le reste a pour objet d'amener ou de mettre en valeur le plaidoyer.

Il convient tout d'abord de remarquer que l'*Octavius* n'est pas une œuvre de pure imagination. Les trois personnages sont réels. L'auteur, Minucius, s'est donné le rôle discret d'arbitre. Cecilius Natalis qui personnifie les lettrés païens (3) et leurs préjugés contre la doctrine du Christ était

(1) En résumé, je crois l'*Octavius* antérieur à l'*Apologétique* et je le placerais entre les persécutions de Caracalla et de Dèce, c'est-à-dire environ entre *213 et 250*.

(2) Voici arbitrairement les grandes divisions : 1er acte, *Prologue*, 1-4 ; 2e acte, *Réquisitoire*, 5-13 ; 3e acte, *Intermède*, 14-15 ; 4e acte, *Plaidoyer*, 16-38 ; 5e acte, *Epilogue*, 39-40. — Ces divisions valent pour l'édition de Halm précitée.

(3) C'était un Africain très connu, qui, non content de verser les 60.000 sersterces, prix ordinaire des dignités municipales, fit construire un édifice tétrastyle (quelque temple sans doute), organisa des jeux scéniques qui durèrent sept jours, et offrit à sa ville des statues et un arc de triomphe dont il reste encore quelques pierres. Nous verrons plus loin le parti que nous pouvons tirer de ces renseignements.

né à Cirta. Quant à Octavius Januarius, il personnifie au contraire ces chrétiens instruits, qui souffraient de voir leur religion méprisée, et qui par leur exemple ou leurs conversations étaient les meilleurs agents de propagande. Nous le connaissons moins que les deux autres, mais une inscription, trouvée à Bougie, nous permet de conclure qu'il était africain comme ses deux amis, marié, père de famille, et qu'il venait à Rome pour les intérêts de son commerce. Puisque les personnages sont réels, nous pouvons bien supposer que les circonstances ne sont pas imaginaires. Rien n'empêche que les choses se soient passées comme Minucius les raconte. La conversion d'un magistrat riche et considéré comme Cécilius dut faire époque dans la vie de l'auteur ; on comprend qu'il s'en soit souvenu volontiers et qu'après la mort de son ami, il ait pris plaisir à la raconter.

Nous examinerons maintenant, avant de conclure, quelques problèmes soulevés par l'*Octavius*, et tout d'abord la *question des sources*. Un homme qui connaîtrait bien sa littérature ancienne ne verrait, a-t-on dit, dans l'*Octavius* qu'une mosaïque d'idées et de scènes prises un peu partout. Le discours d'*Octavius*, par exemple, serait une adaptation, une reproduction presque littérale de l'*Apologétique*. Nous avons étudié cette question au début et essayé de prouver que l'*Octavius* était antérieur. Mais même dans l'hypothèse contraire, il est intéressant de noter que Minucius n'a pris à Tertullien que des lieux communs (1), et lui a laissé tout ce qu'il avait d'original ; ce plagiat est donc au moins douteux.

Le discours de Cécilius a paru si remarquable et surtout si sincère que l'on a cru longtemps que ce n'était qu'une transcription du discours de Fronton contre les chrétiens, ou une copie du « discours véritable » de Celse. Mais Mᵉ Monceaux qui soutient ces deux opinions est forcé d'avouer lui-même que ce sont là des hypothèses incontrôlables ; nous n'avons ni le discours de Fronton, ni celui de Celse (2) ; alors ? une autre hypothèse me semble beaucoup plus vraisemblable. Le *Cecilius* de Minucius ressemble beaucoup au *Cotta* de Cicéron dans le *De natura Deorum* (3). La profession de foi scepticiste du début est sans doute d'inspiration cicéronienne. Cependant si ce livre est peu personnel quant au fond, cette

(1) Il est nécessaire que dans tous les livres concernant les mêmes matières on retrouve un certain nombre de lieux communs, toujours les mêmes. Ceux dont je parle ici (cf. par exemple : *Les crimes secrets des chrétiens*) étaient alors trop répandus pour qu'on puisse les attribuer à un seul auteur et partant parler de plagiat.

(2) Nous possédons seulement une réponse à ce dernier.

(3) Cf. Behr, *loc. cit.*

étude des sources ne conduit pas à une conclusion aussi morose que veut bien le dire Me Monceaux qui va jusqu'à enlever à l'auteur le talent même de la mise en œuvre (1) !

Une autre question a été fort discutée. Il faut reconnaître qu'Octavius explique la croix d'une manière assez puérile et sans faire allusion au Christ. D'une façon générale on peut dire que Minucius élimine systématiquement tout ce qui touche aux dogmes. Il parle bien de l'unité de Dieu et de la Providence, de la résurrection et des récompenses d'outre-tombe. Mais pourquoi ne dit-il pas un mot du péché originel, de la rédemption, du Messie ? On a proposé plusieurs interprétations.

1° Certains invoquent « la discipline du secret (2) ».

2° D'autres supposent que Minucius lui-même était un *néophyte* et qu'il ignorait les dogmes.

(1) Il compare le prologue à celui de certains dialogues de Cicéron par exemple. Si ce livre n'était qu'une mosaïque, quel mérite pour Minucius d'avoir su composer une œuvre harmonieuse et d'apparence originale, avec des éléments hétérogènes qui tous, ou presque tous, auraient été des éléments d'emprunt !

(2) Il est certain que les chrétiens ne devaient pas dévoiler aux païens leurs rites, à plus forte raison leurs dogmes. Mais cette raison ne vaut pas pour notre cas, je crois. Car Cécilius n'est pas un païen ordinaire, c'est un ami fidèle pour lequel Octavius et Minucius n'ont point de secrets.

3° Il ne voulait pas se compromettre, a-t-on dit aussi ; l'auteur en réalité était un hérétique ; il ne croyait pas à la divinité du Christ, etc... Ces trois hypothèses sont toutes plus invraisemblables les unes que les autres.

L'explication la plus simple est celle de Boissier : Minucius n'a pas tout dit parce qu'il ne voulait pas tout dire. Il fait à peine une apologie (1) complète du christianisme. L'ouvrage s'adresse à des lettrés, à des gens du monde, et l'auteur au lieu de leur offrir un livre austère, a imaginé et présenté une sorte de christianisme souriant et sympathique « qui devait pénétrer dans Rome sans faire de bruit et la renouveler sans secousse ».

On a fait encore bien des reproches à Minucius. Cette promenade-causerie est trop travaillée. Le ton n'est pas celui d'une discussion ordinaire. Le dialogue n'est au fond que deux longs discours mûrement pensés. A cela je répondrai : voyez Platon, voyez Cicéron auquel vous comparriez tout à l'heure Minucius. Examinez leurs « dialogues » et il vous faudra leur faire les mêmes objections. Non, la vraie difficulté, la seule invraisemblance est dans la conversion vraiment trop rapide de Cécilius ; tous les critiques l'ont

(1) En effet, il ne parle pas, par exemple, de l'iniquité des procédures. *Apologie* pris dans le sens strict du mot : *simple justification*.

signalée et Minucius lui-même l'a comprise puisqu'il fait à la fin du livre demander par Cécilius lui-même des explications complémentaires, renvoyées au lendemain. J'émettrai, pour expliquer ce changement brusque dans l'âme de Cécilius, une hypothèse que Boissier avait entrevue, je crois, mais n'avait pas suffisamment mise en lumière. J'ai parlé plus haut de statues, dons de Cécilius à la ville. Or il est remarquable que ce païen n'ait pas consacré ces monuments à des divinités païennes. Non ; ces statues ont au contraire un caractère d'abstraction notable (1). Cette abstraction même ne nous permet-elle pas de voir en Cécilius, non pas un païen dévot, mais un disciple d'une de ces nombreuses sectes philosophiques, intermédiaires entre le paganisme et le christianisme ? Ce qui expliquerait peut-être un peu la rapidité de sa conversion.

Il nous faut conclure ; malgré toutes les réflexions moroses qu'a suscitées la lecture de l'*Octavius*, il faut reconnaître que ce petit livre ne manque pas de charme. Il est agréable à lire. Le prologue est une des plus jolies choses de la littérature latine. Voyez comme l'auteur nous présente d'une façon charmante le bien-être de ces

(1) C'étaient la « Sécurité du siècle » *(securitas sæculi)*, l' « Indulgence du maître » *(indulgentia domini nostri)*, la « Vertu », etc.

citadins, que viennent caresser les brises marines, le plaisir qu'ils éprouvent à sentir leurs pieds s'enfoncer dans le sable qui cède... Comme en quelques lignes il nous trace merveilleusement un paysage et comme il nous fait bien sentir la douceur de ce soir d'automne où sur la plage les gens sérieux se délassent à voir des enfants faire des ricochets ! Quoi qu'on en dise, cet auteur est vraiment original. En quoi consiste donc son originalité ?

Tout d'abord dans cette habileté de mise en œuvre, dans cet agencement harmonieux d'éléments d'emprunts dont nous avons parlé plus haut ; puis aussi dans son style (1). Minucius n'est pas tout cicéronien, comme on l'a dit trop souvent. A côté de cette influence cicéronienne, à qui il doit d'assez longues et harmonieuses périodes, il faut noter aussi l'influence de la phrase courte, de la « sententia » de Sénèque. Son style est d'ailleurs d'origine composite, on y retrouve aussi la phrase de Florus, de Fronton et d'Apulée. Ce qu'il faut dire, c'est que son style est un style travaillé.

(1) Le style de Minucius apporte d'ailleurs en lui-même peu de nouveautés. Quelques tournures populaires, quelques termes abstraits au pluriel, enfin un emploi particulier de l'adjectif neutre qu'on pourrait rapprocher d'une tournure très admirée chez les Goncourt. « Le profond des ténèbres » « l'ondulé des collines » Cf. « *la pluie frappait la netteté des vitres* ».

C'est là, je crois, l'élément principal de cette originalité, difficile à définir. La sincérité de l'auteur et sa politesse en sont d'autres. Ce livre nous repose des diatribes enflammées ou des apologies éloquentes mais trop souvent forcées et monotones, des polémistes du IIe au IVe siècle. Ce qui nous étonne le plus, c'est de trouver en Minucius, non pas un polémiste farouche, mais un homme de bon ton, un courtois et un poète. Nous sommes bien loin du Christ et de la rédemption au début de ce petit livre. L'auteur, habilement, nous charme pour que nous écoutions plus tard avec une patience, vraiment déjà chrétienne, les longs discours de Cécilius et d'Octavius. Nous excusons ce procédé puisqu'il est l'occasion d'une ravissante description, et nous sommes forcés d'admirer la délicatesse et même la poésie avec laquelle Minucius nous dépeint cette douce matinée d'automne sous un ciel clair, et les lointains et luisants reflets, les jeux de lumière sur la crête des vagues... Voilà je crois la principale originalité de l'auteur. La sincérité et la politesse sont des éléments secondaires; son principal mérite est d'avoir écrit une apologie en lettré, à l'usage des lettrés. Tertullien écrivait pour les hommes d'état, les gouverneurs ou la foule; les apologistes grecs écrivaient pour les empereurs. Ils avaient tort et combien je préfère Minucius, ce lettré incorrigible, qui certes s'est laissé toucher comme eux par la doctrine du Christ, mais qui conservait au fond de son âme les souvenirs et les admirations de la jeunesse, et qui, tout en lisant l'Évangile, ne pouvait entièrement oublier qu'il avait commencé par lire Homère et Cicéron.

Niort, 25 juillet 1910.
Berlin, 21 août 1910. F. RECORD.

OCTAVIUS

Lorsque je réfléchis et que je me rappelle Octavius, ce bon et si fidèle camarade, j'éprouve une telle joie douce et une telle affection pour cet homme, que je crois en quelque sorte retourner réellement dans le passé et non pas simplement me souvenir de choses que j'ai déjà dépassées dans ma course. Aussi l'image de cet ami, si elle est loin de mes yeux, est profondément gravée dans mon cœur, je la mêle pour ainsi dire à mes plus intimes sentiments.

Et certes ce n'est pas sans raison que le départ de cet homme remarquable et saint m'a laissé un immense regret; car lui-même m'aima toujours d'un amour si ardent que dans les divertissements comme dans les choses sérieuses, c'était une même volonté qui nous mettait d'accord. Mes désirs étaient les siens, mes aversions les siennes. Vous auriez cru que c'était un seul et même esprit qui était divisé entre deux hommes. Seul, il connut mes amours et me suivit dans mes erreurs; enfin, lorsqu'après avoir dissipé ce brouillard qui obscurcissait mon esprit, je vins du fond des ténèbres au jour de la sagesse et de la vérité, il n'hésita pas à m'accompagner dans cette voie, et ce qui est même plus glorieux, il chercha à m'y devancer.

Aussi comme je repassais dans mon esprit tout ce siècle de familière intimité, mon attention fut arrêtée surtout par un discours, celui par lequel Octavius convertit à la vraie religion, après une très grave discussion, le païen Cecilius, qui était encore attaché aux vanités de la superstition. Ce dernier était venu à Rome pour son commerce et pour me voir. Il avait laissé sa maison, sa femme, ses enfants; et ce qui est encore plus agréable, des enfants dans un âge innocent, qui s'essayaient à prononcer des moitiés de mots, et dont les discours étaient rendus plus doux par les hésitations et les bégaiements de leur langue. Les paroles ne peuvent rendre les transports de ma joie impatiente à son arrivée; cette joie même était de beaucoup augmentée par la présence inattendue de ce parfait ami. Puis, au bout d'un ou deux jours, lorsque notre fréquentation continuelle eut calmé ce désir ardent de nous voir; après nous être raconté l'un à l'autre tout ce qui nous était arrivé pendant notre absence mutuelle, nous résolûmes d'aller à Ostie, ville tout à fait charmante, où je devais suivre un traitement à la fois agréable et capable de dessécher des humeurs qui m'étaient restées pour m'être baigné dans la mer. Justement, nous étions en vacances et le souci des vendanges avait succédé au travail du barreau ; car c'était le moment, où, les grandes chaleurs passées, l'automne lui-même s'achemine vers les températures moyennes. C'est pourquoi un jour, de bon matin, nous allâmes vers la mer nous promener sur le rivage, aussi bien pour fortifier nos membres au souffle doux du vent, que pour le grand plaisir de marcher mollement sur le sable et de sentir ce sable se creuser et céder sous nos pas. Cécilius vit une statue de Sérapis *(1), et, suivant le rite de la foule superstitieuse, il porta la main à sa bouche, et donna à la divinité le baiser d'usage. Aussitôt Octavius me dit : « Ce que tu fais n'est certes pas digne d'un homme de bien, mon frère Marcus ; voilà un homme que tu as toujours à tes côtés, aussi bien à Rome qu'ailleurs, et tu l'abandonnes ainsi dans cet aveuglement d'une ignorance vulgaire ? En un si beau jour, tu souffres qu'il embrasse des pierres, et ce qui est pis encore, des pierres sculptées, parfumées, couronnées ? Tu le sais pourtant, la honte de son erreur ne rejaillit pas moins sur toi que sur lui-même. » Durant ces paroles, nous avions parcouru

(1) Les mots marqués d'un astérisque renvoient au Lexique.

la moitié de la ville et nous étions maintenant en liberté sur le rivage. Là de petits flots nageaient sur le sable et le battaient pour l'égaler, semblant vouloir le rendre plus commode à la promenade. Et comme la mer, même sans vents, ne laisse pas d'être agitée, ce n'était certes pas avec impétuosité, avec des vagues blanches et écumeuses qu'elle se jetait sur le rivage : mais nous regardions cependant avec un extrême plaisir ses eaux qui roulaient jusqu'à nos pieds. Tantôt la mer venait se rompre sur le rivage, tantôt, se retirant doucement, elle s'engloutissait en elle-même. En nous avançant insensiblement, avec des contes qui trompaient le chemin, nous cherchions sur le bord un endroit qui fût un peu détourné. Nous parlions, surtout d'un discours qu'Octavius faisait sur la navigation. Juste comme il le finissait, nous nous trouvions au bout d'un espace assez juste que nous avions choisi pour nous promener ; nous retournâmes sur nos pas et refîmes le même chemin. Arrivés à un endroit du rivage où les bateaux sont mis à sec, sur des pièces de bois qui les soutiennent, nous nous arrêtâmes pour regarder des enfants qui rivalisaient entre eux, en jetant des pierres plates dans la mer. Voici en quoi consiste le jeu : on prend sur le rivage une de ces petites pierres plates, que la mer a polies ; on la prend à plat dans la main, puis se penchant et se baissant le plus possible on la fait comme rouler sur les flots. Cette pierre rase les vagues et surnage, si on la jette doucement. Si on la jette fort au contraire, elle coupe légèrement la surface des flots et rebondit. Ces enfants nommaient vainqueur celui qui projetait son caillou le plus loin en lui faisant faire le plus grand nombre de bonds. Le plaisir de ce spectacle nous captivait; cependant Cecilius était inattentif, ce combat ne le déridait pas. Mais, se tenant à part dans un profond silence, il laissait se refléter sur son visage je ne sais quelle anxiété et quelle douleur. Alors moi : « Qu'est cela, lui dis-je, pourquoi ne reconnais-je pas ta bonne humeur, Cecilius? Ces yeux gais que tu conserves, même dans les moments sérieux, pourquoi me faut-il les chercher en vain? » Cecilius me répondit aussitôt : « Il y a longtemps déjà que je réfléchis et creuse dans ma tête ce discours d'Octavius. Il t'accusa de négligence, c'était me blâmer certes indirectement, mais aussi plus sérieusement de mon ignorance. Aussi je passerai outre; je veux terminer cette discussion avec Octavius, et complètement. Et si, toi qui es de sa secte, tu l'amènes à débattre avec moi cette question, il verra de suite qu'il est plus facile de s'expliquer entre compagnons que de réfuter un véritable système de philosophie. Allons seulement nous asseoir sur ces quais de pierre qui s'avancent dans la mer pour protéger les bains. Ainsi nous

nous reposerons du chemin parcouru, et pourrons discuter plus sérieusement. » Après ces quelques paroles, nous allâmes nous asseoir. Ils se placèrent à mes côtés et me mirent au milieu. Ce n'était point par déférence ou par cérémonie, car l'amitié nous prend ou nous rend tous égaux. Mais, en qualité d'arbitre, je me trouvais ainsi plus près de l'un et de l'autre et je pouvais les séparer au besoin.

Alors Cecilius commença en ces termes : « Certes, pour toi, mon frère Marcus, il n'y a plus aucun doute sur la question particulière que nous discutons ; après avoir suivi diligemment ces deux genres de vie, tu en as rejeté un et approuvé l'autre. Cependant il te faut maintenant te mettre en un état d'esprit tel que tu puisses tenir la balance en juge très équitable et ne pas chercher à la faire pencher d'un côté ou de l'autre. Que ta sentence ne paraisse pas inspirée moins par nos arguments que par tes propres sentiments. Fais-toi pour ainsi dire un homme nouveau, quasi ignorant de l'un et de l'autre parti, et je n'aurais alors aucune peine à te prouver clairement que toutes les choses humaines sont douteuses, incertaines, en suspens, et plus vraisemblables que vraies. C'est ce qui rend moins étonnant le dégoût de certains pour une recherche approfondie de la vérité et leur préférence de céder à l'aventure à la première opinion venue plutôt que de s'attacher à l'examiner avec une diligente opiniâtreté. Aussi tout le monde doit s'indigner, ou mieux encore s'affliger de l'audace de certains hommes, sans culture aucune, ignorant les littératures, inhabiles dans toute espèce d'art, si ce n'est peut-être dans les plus grossiers. Ceux-ci prononcent avec certitude sur la souveraine puissance des choses, matière sur laquelle délibère encore, malgré ses nombreuses sectes et les siècles écoulés, la philosophie elle-même. Et ce n'est pas à tort : car la distance entre l'exploration des choses divines et la médiocrité humaine est telle que, pour les choses qui sont au-dessus de nous, là-haut, au ciel, comme pour celles qui sont profondément enfouies sous terre, il nous est impossible de les connaître, il est même défendu et sacrilège d'interroger et de chercher à les connaître. Nous paraîtrions suffisamment heureux et sages, si, suivant en cela le vieux principe du philosophe, nous nous connaissions nous-mêmes plus familièrement. Mais en nous adonnant à un travail insensé et inepte, nous sortons des bornes de notre faiblesse, et nous, relégués sur la terre, nous dépassons par notre audacieuse avidité le ciel et les astres eux-mêmes. Encore si nous n'embarrassions pas notre erreur de propositions vaines et superstitieuses !

« Que la nature, en se condensant, ait donné

naissance aux principes de toutes choses : Quel Dieu faut-il alors pour en être l'auteur ? Si ce sont des rencontres fortuites d'atomes qui ont assemblé, distingué, formé les parties de tout l'univers ; quel est ce Dieu qui sert de machiniste ? Le feu a allumé les étoiles ; le ciel s'est élevé sur nos têtes par un effet de sa matière ; la terre trouve la raison d'être dans sa pesanteur ; la mer coula par suite de sa fluidité : d'où tirons-nous cette religion, cette crainte religieuse qui n'est que de la superstition ? L'homme, comme tout animal qui naît, vit et se développe n'est qu'une agrégation pour ainsi dire volontaire d'éléments. Et c'est encore dans ces mêmes éléments que l'homme et tout animal se divise, se dissout, se dissipe. Ainsi toute chose remonte à son principe et rentre en soi-même, sans qu'il soit besoin pour cela d'un artisan, d'un juge ou d'un auteur. Les principes du feu s'agrègent et l'on voit resplendir toujours de nouveaux et de nouveaux soleils. Les vapeurs s'exhalent de la terre : l'on voit naître et grossir des brouillards : ceux-ci se condensent et s'assemblent, donnant plus haut dans l'air des nuages. Et enfin quand ces vapeurs s'écroulent, ce sont les torrents de pluie, les tourbillons du vent, le crépitement de la grêle. Si ce sont des nuages qui s'entre-choquent, le tonnerre gronde, les éclairs brillent, la foudre éclate, et elle tombe çà et là, frappant les montagnes, se précipitant sur les arbres, atteignant sans distinction les lieux sacrés et les lieux profanes, les hommes coupables et souvent les hommes religieux. Parlerai-je des tempêtes si inconstantes, si incertaines? Sans ordre et sans considération elles bouleversent le mouvement de toutes choses. Dans les naufrages les bons et les méchants voient leurs sorts mêlés, leurs mérites confondus. Les innocents et les coupables meurent pêle-mêle dans les incendies, et lorsque la peste infeste une région de l'air, sans distinction tous meurent. Lorsque la guerre enfin sévit dans toute son ardeur, ce sont surtout les meilleurs qui succombent. Pendant la paix même non seulement la méchanceté est égalée à la vertu, mais on honore encore plus la première, à ce point qu'on ne sait si l'on doit, chez certains, détester leurs vices ou louer leur bonheur. Or, si le monde était régi par une providence divine, ou par l'autorité de quelque divinité, jamais Phalaris * ou Denys * n'auraient mérité un royaume pas plus que Camille* l'exil, ou Socrate* le poison.

« Voilà des arbres couverts de fruits, une moisson déjà blanche, des raisins déjà mûrs ; la pluie les gâte, la grêle les abat. Tant il est vrai ou bien que la vérité nous est cachée et est soumise au sort, ou bien, ce qui est plus croyable, que la

Fortune *, qui se soucie peu de nos lois, préside à ces événements variés et inconstants. Puisque donc la Fortune est certaine et la nature incertaine, il est d'autant meilleur et digne de respect de suivre les règles tracées par nos ancêtres qui étaient maîtres de la vérité. Respectons les cultes transmis par la tradition ; adorons les dieux que nos pères avaient coutume de craindre plutôt que de chercher à les mieux connaître. Ne jugeons pas nous-mêmes de nos divinités ; croyons en nos ancêtres qui, vivant encore dans la rudesse des premiers siècles du monde, méritèrent d'avoir les dieux comme compagnons ou comme rois. C'est ce qui fait que dans tous les empires, les provinces et les villes, nous voyons des sacrifices particuliers et des rites spéciaux. Nous voyons adorer des dieux nationaux : à Eleusis, Cérès * ; en Phrygie, Cybèle * ; à Epidaure, Esculape * ; en Chaldée, Bélus * ; en Syrie, Astarté * ; en Tauride, Diane * ; Mercure * chez les Gaulois et à Rome tous ces dieux réunis. Aussi le pouvoir et l'autorité des Romains se sont-ils étendus sur tout le monde. Leur empire va jusqu'au delà des courses du soleil et des limites de l'Océan. C'est qu'en effet, même pendant la guerre, ils sont très religieux. Ils munissent leur ville de la majesté des cérémonies, de la pureté des vierges, des titres et des honneurs rendus aux sacrificateurs.

Assiégés, et n'ayant plus que le Capitole pour retraite, ils révèrent les dieux qu'un autre dans sa colère eût déjà méprisés ; et se précipitant sur les Gaulois étonnés de cette audacieuse superstition, ils se battent sans armes, mais protégés par leur religieuse piété ! Sur les murs ennemis, dans toute l'ardeur de la victoire, ils adorent les dieux vaincus. Et cherchant partout des dieux, ils s'attachent ceux de leurs hôtes. Ils construisent même des autels à des divinités et à des mânes inconnus. Ainsi, en recueillant les religions de tous les peuples, ils ont mérité de régner sur ces peuples. Depuis, ce culte a toujours subsisté. Le temps ne l'a pas interrompu, mais fortifié. Car l'antiquité donne ordinairement aux Temples et aux sacrifices d'autant plus de sainteté qu'elle leur ajoute d'années. Et toutefois, ce n'est pas encore sans raison (je puis du moins vous concéder quelque chose de temps en temps et paraître ainsi un païen meilleur) que nos ancêtres ont mis tous leurs soins à observer les augures, à consulter les entrailles des victimes, à instituer des sacrifices ou à dédier des temples. Regardez leur histoire dans les auteurs. Vous verrez qu'ils se sont initiés aux rites de toutes les religions, soit pour remercier l'indulgence des dieux, soit pour détourner leur colère imminente, ou pour apaiser leurs menaces. J'en prends à témoin la mère des dieux, qui dès son arrivée protégea la vertu d'une Romaine, et délivra la ville de la crainte des ennemis. J'en prends à témoin les statues équestres consacrées de ces deux frères, tels qu'ils se montrèrent dans le lac, tout hors d'haleine et montés sur des chevaux écumants et fumants, pour nous annoncer notre succès contre les Perses, le jour même où nous remportions la victoire. J'en atteste aussi ces jeux que l'on recommença parce que Jupiter avait manifesté son mécontentement à un homme du peuple, durant son sommeil. J'atteste les vœux des Décies suivis d'heureux effets ; j'en atteste enfin ce Curtius *, qui se précipitant avec son cheval dans un gouffre profond, le combla de son corps et de sa gloire. D'autre part, c'est plus souvent que nous n'aurions voulu que les auspices méprisés ont manifesté la présence des dieux. Pourquoi Allia * est-il un nom néfaste ? Pourquoi Claudius et Junius virent-ils leur expédition contre les Carthaginois se réduire à un déplorable naufrage ? Est-ce seulement pour grossir et colorer le lac Trasimène du sang des Romains que Flaminius * méprisa les augures ? Est-ce pour nous faire redemander nos enseignes aux Parthes que Crassus * railla et mérita les imprécations des Furies ? Je passe les vieux prodiges qui sont pourtant nombreux. Je ne parle ni de la naissance des dieux, ni de leurs présents, ni de leurs bienfaits.

Je néglige les vers des poètes et je laisse même de côté les faits prédits par les oracles, de peur que leur antiquité ne vous semble par trop fabuleuse. Regardez seulement ces temples et ces sanctuaires des Dieux, qui protègent en même temps qu'ils ornent notre ville de Rome. La seule présence dans ces temples de divinités nationales ou étrangères les rend plus augustes que les ornements qui les parent et les dons qui les enrichissent. C'est là que nos devins, en communion d'esprit avec les dieux et pleins de leur souffle, prévoient l'avenir et donnent des conseils pour éviter les dangers, des remèdes pour les maladies, de l'espoir aux affligés, des secours aux misérables, des consolations dans les malheurs, du soulagement dans les travaux. C'est là même que la nuit, pendant le sommeil, nous voyons, entendons et connaissons ces mêmes dieux que le jour nous nions, blasphémons et parjurons avec tant d'impiété. Toutes les nations s'accordent à reconnaître les dieux immortels, bien qu'elles en ignorent et la raison et l'origine. Aussi je supporte difficilement un homme d'une audace assez grande, gonflé de je ne sais quelle irréligieuse prévoyance, qui s'efforce de détruire ou du moins d'affaiblir ce culte si ancien, si utile et si salutaire.

« Il y eut certes un Théodore de Cyrènes, * et même avant lui un Diagoras * de Melos, que toute l'antiquité surnomma l'athée : Tous deux, en soutenant qu'il n'y avait point de Dieu *, ont complètement ruiné la crainte et le respect qui doivent régir les hommes. Jamais cependant dans l'enseignement de leurs impiétés, de leur philosophie simulée leurs noms ne firent autorité. L'abdéritain Protagoras *, qui avait traité des dieux plutôt en homme téméraire qu'en profane, se vit expulser par les Athéniens hors de leurs frontières, et vit brûler ses écrits en public. Et nous ne déplorerions pas que des hommes (laissez-moi augmenter librement l'impétuosité de cette action), que des hommes, dis-je, qui appartiennent à une faction déplorable, illégale, perdue, attaquent les dieux ! Nous les laisserons prendre dans la lie du peuple les plus ignorants, et les plus crédules chez les femmes, que leur sexe rend plus faciles à pervertir, pour former une conjuration profane ! Nous permettrons enfin que par des réunions nocturnes, des jeûnes solennels, des nourritures inhumaines, ils se lient entre eux, non par des sacrifiees mais par des sacrilèges ! Ce peuple qui aime les ténèbres et qui fuit la lumière, qui est muet en public et parle dans les coins, méprise les temples comme des bûchers. Il crache à la face des dieux, se rit des sacrifices ; digne de pitié lui-même, il affecte de prendre en pitié les honneurs de nos prêtres, et demi-nus qu'ils sont, ils méprisent nos pourpres. Mais, ô sottise admirable ! incroyable audace ! ils se jouent des tourments présents et craignent des choses incertaines dans le futur ! Cependant qu'ils redoutent de mourir après la mort, durant cette vie ils n'ont point peur de mourir. Ainsi la crainte et un espoir trompeur, voilà leurs seules consolations. Or, comme les mauvaises choses sont les plus fécondes, et qu'actuellement les mœurs corrompues se glissent dans tout l'univers, les rites affreux de cette association impie font des progrès. Il faut détruire complètement cette exécrable société. Ils se connaissent à des signes, à des marques cachées et s'aiment mutuellement pour ainsi dire avant de se connaître. Chez eux même par moments apparaît comme une religion des passions : Ils s'appellent indistinctement frères et sœurs, en sorte que l'intervention de ces noms sacrés fait de leurs impudicités habituelles, des incestes. Car cette religion vaine et folle se glorifie de ses crimes. Et certes si cela n'était vrai, la Renommée qui est sage ne tiendrait pas sur leur compte des propos si abominables qu'il faut les couvrir de quelques paroles d'honneur pour oser en parler. J'ai entendu dire qu'ils adoraient, je ne sais par suite de quelle inepte persuasion, la tête consacrée du plus repoussant des animaux, l'âne. Culte bien digne et fait pour de telles mœurs ! D'autres rapportent qu'ils adorent les parties génitales de leurs prélats et de leurs prêtres, comme ils adorent le sexe de leur père. Je ne sais si ces imputations sont fausses, en tous cas elles conviennent bien à leurs mystères nocturnes et cachés. Et ceux qui racontent que leurs objets de vénération sont un homme, puni du plus grand supplice pour ses crimes, et le bois funeste d'une croix, donnent des autels qui conviennent à ces scélérats perdus de vices, pour qu'ils puissent adorer ce qu'ils méritent. Quant à l'initiation des néophytes, l'histoire en est aussi détestable que connue. Un enfant, couvert de pâte, pour tromper ceux qui ne sont pas au courant, est placé devant celui qui doit être initié aux sacrifices. On l'invite à frapper : Cette apparence farineuse semble s'offrir à des coups innocents, et l'enfant périt sous des coups occultes, aveugles ! Alors, horreur ! ils lèchent avidement son sang, s'arrachent à qui mieux mieux ses membres ; cette victime les lie désormais.

« Ils connaissent mutuellement leur crime et c'est un gage de leur silence. Ces cérémonies sacrées sont plus affreuses que tous les sacrilèges. Quant au festin, on le connaît. On en parle de tous les côtés et le discours de notre compatriote de Cirta en fait foi. Aux jours solennels, on voit se réunir pour un banquet des gens de tout âge, hommes et femmes, avec tous leurs enfants, leurs sœurs, leurs mères. Ils font un repas copieux : bientôt le banquet s'échauffe et l'ivresse excite en eux le feu de l'inceste ; alors on attache un chien au candélabre ; on jette, pour le faire sauter, un petit gâteau hors de l'espace où il est attaché. Le candélabre se renverse. Débarrassés de toute lumière importune, dans des ténèbres qui favorisent toutes les impudeurs, ils s'accouplent au hasard du sort, poussés par une lubricité infâme, tous incestes, sinon de fait, au moins par complicité, puisque le vœu de tous poursuit ce qui peut résulter de l'acte de chacun. J'en passe beaucoup et à dessein ; car voilà beaucoup d'accusations qui sont toutes, ou presque toutes prouvées par la seule obscurité de cette religion perverse. Pourquoi s'efforcer en effet de tenir caché et secret l'objet de leur culte ? Le bien aime la publicité, seul le mal veut être secret. Pourquoi n'ont-ils pas d'autels, de temples, d'images connues ? Ils ne parlent jamais en public, ils ont horreur des réunions libres ; pourquoi ? si l'objet de leur culte mystérieux n'était ni punissable, ni honteux ? Mais d'où vient-il, ce Dieu unique, solitaire, délaissé, que ne connaît aucune nation libre, aucun royaume, pas même les Romains les plus superstitieux ? Seule la misérable petite race des Juifs honora ce Dieu : mais elle l'honora ouvertement, avec des temples, des autels, des victimes, des cérémonies. Dieu bien faible et sans pouvoir, puisqu'il est maintenant captif des Dieux Romains avec la nation. Quels monstres, quelles chimères ne forgent pas les chrétiens? Voilà un Dieu qu'ils ne peuvent ni montrer, ni voir eux-mêmes, et ce Dieu s'inquiète diligemment des mœurs, des actes, des paroles, et des pensées même les plus cachées de chacun! Il court, se trouve partout; il est importun, inquiet, et d'une curiosité presqu'impudente! Si cependant il assiste à tout ce qui se fait, s'il erre partout à la fois, il ne peut s'occuper de chaque chose en particulier, quand le monde en général l'occupe, ni voir le monde en général, quand il est retenu par des questions particulières. Et que dire lorsqu'on entend ces chrétiens menacer toute la terre et le ciel même avec ses astres, d'un embrasement et d'une ruine, comme si cet ordre éternellement réglé par les lois divines de la nature, devait se troubler, et comme si, les éléments venant à se disjoindre et le ciel à s'ouvrir, cette grande masse, qui nous entoure et nous contient, devait se détruire? Non contents de cette furieuse opinion, ils y ajoutent des contes de vieilles bonnes femmes : Ils disent qu'ils renaissent après la mort, après avoir été réduits en charbons et en cendres. Et je ne sais quelle confiance leur fait croire mutuellement à leurs mensonges. Ils se voient déjà ressuscités. Double mal et double folie ! Ils annoncent une fin au ciel et aux astres que nous laissons tels que nous les trouvâmes et ils se promettent à eux, pauvres hommes qui meurent comme ils naissent, l'éternité après leur mort. Aussi condamnent-ils les bûchers et la sépulture du feu. Comme si tout corps, qu'il soit soustrait aux flammes ou non, ne devait point se résoudre en poussière dans la suite des années et des siècles ! Quelle différence y a-t-il à être dévoré des bêtes sauvages, englouti par la mer, enfoui sous terre ou livré aux flammes ? Les cadavres, s'ils peuvent encore sentir, souffrent de la sépulture quelle qu'elle soit. S'ils sont privés de sentiment, prenons le procédé le plus rapide. Cette erreur les amène à croire qu'ils jouiront après leur mort d'une vie éternellement heureuse, comme des gens de bien, et à promettre aux autres, qu'ils prennent pour injustes, une souffrance, un châtiment aussi long. J'ajouterais bien d'autres choses encore si je n'avais hâte de finir. C'est vous qui êtes les injustes : je ne m'y attarde pas, je l'ai déjà montré. Même si je vous accordais que vous être justes, j'attribuerais au destin les fautes ou l'innocence de chacun, comme beaucoup le croient ; c'est même votre propre opinion : Car si les autres attribuent toutes nos actions au Destin, vous les attribuez, vous, toutes à votre Dieu.

« Dans votre religion, ce n'est point le libre arbitre qui donne les bons désirs, c'est l'élection. Ainsi votre souverain juge est injuste, puisqu'il punit dans chaque homme le sort et non la volonté du coupable. Cependant je voudrais vous demander si c'est sans corps ou avec des corps que vous ressusciterez ? Avec des corps ? Mais lesquels ? Les vôtres ou d'autres nouveaux ? Sans corps ? Mais sans corps, il n'y a, que je sache, ni esprit, ni âme, ni vie possibles. Avec votre propre corps ? mais il est déjà détruit. Avec un autre ? c'est alors un homme nouveau qui naît, et non le même homme qui renaît ! Et avant cette résurrection, ce sont des siècles innombrables, un très long temps qu'il faut attendre ! Personne, pas même Protésilas, ne put revenir sur la terre pour nous forcer à croire à un exemple ? Toutes ces fictions d'une créance malsaine, ces consolations imaginaires, que font accepter les poètes par la douceur de leurs vers, votre crédulité honteuse les a rapportées à votre Dieu. Mais jugez donc au moins par les choses présentes combien ces menteuses promesses, combien ces vains désirs nous trompent ! Misérables que vous êtes, toute votre vie se passe à peser ce qui doit arriver après la mort. Voilà toute une partie des vôtres, la plus grande et la meilleure partie, vous l'avouez, qui souffre de la misère, du froid, de la fatigue, de la faim, et votre

Dieu le permet? le dissimule? Ou il ne veut pas, ou il ne peut pas secourir les siens. Il est impuissant ou injuste. Et toi, qui rêves après une immortalité posthume, lorsque tu trembles ou que tu brûles dans l'ardeur de la fièvre, lorsque la douleur te déchire, ne sens-tu pas alors ta condition? ne te rends-tu pas compte alors de ta faiblesse? Malgré toi, malheureux, ton infirmité se dévoile, et tu ne veux l'avouer! Mais laissons ces lieux communs (1) : Menaces, supplices, tourments, voilà votre sort. La croix, il ne s'agit pas de l'adorer, il faut y monter; le feu, que vous prédisez, que vous craignez, vous le subissez actuellement. Où est donc ce Dieu qui peut sauver ses serviteurs quand ils revivent, et ne peut rien pout eux pendant leur vie? N'est-ce pas sans la grâce de votre Dieu que les Romains règnent, commandent, sont vos maîtres? Et vous pendant ce temps, toujours en soupçon et inquiets, vous vous abstenez des plaisirs honnêtes, vous désertez les fêtes, les banquets publics, les spectacles sacrés. Comme si vous redoutiez les dieux que vous niez, vous avez en horreur les combats sacrés, les viandes dont une part a été coupée pour le sacrifice, les boissons qui ont été prélibées. Vous n'entourez

(1) J'emploie pour le passage qui va suivre l'excellente traduction qu'a donnée M. Renan de ces quelques lignes dans son *Marc-Aurèle* (p. 397).

pas vos têtes de fleurs ; vous refusez les parfums à vos corps, les réservant pour les funérailles ; vous déniez même les couronnes aux tombeaux. Pâles, tremblants, dignes de pitié, mais de celles de nos dieux, vous ne ressuscitez jamais et ne vivez pas cependant. Si donc vous avez quelque sagesse, quelque sentiment du ridicule, cessez de vous perdre dans les espaces célestes, de chercher avidement les destins et les secrets de la terre.

« C'est assez de regarder à ses pieds, surtout pour des gens ignorants, grossiers, sans éducation, sans culture, à qui il n'est pas donné de comprendre les choses humaines, à plus forte raison qui n'ont pas le droit de disserter sur les choses divines. Si philosopher est une passion pour eux, que celui d'entre vous qui peut le faire, imite Socrate, le vrai maître de la sagesse. Cet homme illustre, toutes les fois qu'on l'interrogeait sur les choses célestes, faisait cette réponse remarquable et connue : « Ce qui est au-dessus de nous, n'a rien de commun avec nous. » Et c'est à juste titre qu'il mérita d'un oracle le témoignage d'une singulière sagesse. Car, il le dit lui-même, on le proposa comme modèle à tous, non pour avoir amassé beaucoup de connaissances, mais pour avoir simplement appris qu'il ne savait rien. Confesser son ignorance, voilà en effet la souveraine prudence. De ce principe ont procédé Arcésilas*, et bien après les Carnéades* et quelques philosophes de l'Académie* qui se retranchaient dans un doute sûr. C'est une façon de philosopher, que les ignorants peuvent aborder avec sûreté et les savants avec gloire. Que dire des hésitations de Simonide Mélius*? Tout le monde ne doit-il pas les admirer et les imiter? Le tyran Hiéron* lui demanda ce qu'il pensait des dieux et comment il se les représentait. Il demanda d'abord un jour pour réfléchir, le lendemain il en demanda deux autres et encore autant après lorsqu'on l'interrogea. Enfin, comme le tyran voulait savoir la cause de tant de longueurs, il lui répondit que plus il s'attardait à examiner cette question, plus il la trouvait obscure. Et c'est aussi mon avis qu'il faut laisser comme elles sont les choses douteuses. Ne portons point au hasard une sentence audacieuse sur une question, qui fait encore délibérer tant d'hommes illustres, de peur d'introduire une superstition de vieille femme ou de ruiner toute sorte de religion. »

Ainsi finit Cécilius. Il souriait, car son indignation s'était peu à peu calmée dans la chaleur de son discours. Qu'oserait donc répondre Octavius à de si belles choses, Octavius, qui devait être de la famille de Plaute; et assurément le dernier des philosophes, s'il était le premier des meuniers? Gardez-vous, lui dis-je, de l'injurier pour vous applaudir. Il ne vous convient pas d'être transporté par la beauté de votre propre discours, avant qu'on ait fini d'entendre les deux partis; surtout que vous discutez pour atteindre la vérité, non pour acquérir de la gloire. Et quoique j'ai eu beaucoup de plaisir à entendre les diversités subtiles de votre discours, cependant je suis profondément peiné, non pas tant de l'action présente en particulier, que de la façon de discuter en général. Car la plupart du temps, les ressources des orateurs et le pouvoir de l'éloquence peuvent changer la vérité la plus évidente. La cause en est d'ailleurs à la mollesse des auditeurs, qui se laissent détourner de la considération des choses par le charme de la parole, et approuvent inconsidérément tout ce qu'on leur dit. Ils ne distinguent pas ce qui est vrai de ce qui est faux, ignorant que souvent le vrai est incroyable et les mensonges vraisemblables. Aussi plus ils se laissent prendre à ces affirmations, plus les savants les reprennent; et souvent aussi déçus par leur propre témérité, ils rejettent la faute de leur jugement sur l'incertitude des choses, ils aiment mieux tout condamner, tout laisser en suspens, plutôt que de juger ces quelques affirmations trompeuses. Cependant n'englobons pas dans notre haine tous les discours; car les simples d'esprit pourraient en arriver à haïr et à exécrer tous les hommes. Il arrive, en effet, que des gens crédules ne prennent pas leurs précautions, et se laissent tromper par ceux qu'ils croyaient bons ; tout le monde alors leur devient suspect, et ils regardent comme méchants des hommes qui, ils pourraient facilement le voir, sont excellents. Mais nous, juges, nous devons, dans toute discussion, entendre les deux partis. La plupart du temps un des discours contient une vérité obscure, l'autre une merveilleuse subtilité, et une abondance de paroles, qui cherchent à obtenir une approbation complète. Nous devons donc peser avec soin et dans la mesure du possible chaque chose, pour pouvoir certes louer les subtilités oratoires, mais surtout pour pouvoir discerner, choisir et approuver les vérités contenues dans les discours. Mais — interrompt Cecilius — vous vous départissez du rôle d'un juge religieux. Car c'est le comble de l'injustice, d'affaiblir la force de mon discours, en faisant intervenir cette très grave discussion, alors qu'Octavius n'a pas encore commencé à développer ses arguments. Si il y a quelque chose qui réfute le blâme que vous m'adressez, lui répondis-je, c'est que, si je ne me trompe, c'est à vous deux et dans votre intérêt commun que j'ai dit ces quelques mots : Après un examen scrupuleux, je donnerai mon jugement non sur l'enflure de l'éloquence, mais sur la solidité des choses dites. Et ne me reprochez pas mon manque d'attention. C'est dans un profond silence que je vais écouter la réponse de notre ami Januarius, qui déjà s'apprête à parler.

Octavius dit alors : Je m'acquitterai de ma tâche comme je le pourrai et suivant mes forces. Mais, Minucius, il te faut m'aider, pour qu'un flot de paroles vraies viennent effacer les souillures amères des injures que nous venons de recevoir. Et d'abord je ne dissimulerai point que notre ami Natalis m'a semblé errer dans le vague et l'incertitude, quand il parlait. Aussi je me demande si c'était sa science qui s'était troublée, ou son erreur qui la faisait à ce point chanceler. Car par moments il soutenait les dieux, ailleurs il changeait d'avis et discutait encore, en sorte qu'à un discours si incertain, je ne pouvais préparer qu'une réponse plus incertaine encore. Mais dans le discours de mon cher Cécilius, je ne veux pas voir de tromperies, et je ne crois pas qu'il y en ait. Les discours artificieux que l'on entend dans le monde sont loin de sa sincérité. Eh quoi ! Comme le voyageur qui ne connaît pas le vrai chemin, et qui, arrivé à un embranchement de routes, s'arrête anxieux, n'osant en choisir une ni ne pouvant les prendre toutes, de même l'homme, qui n'a pas une connaissance sûre de la vérité, voit, plus son doute s'étend, ses opinions devenir plus incertaines encore. Ce n'est donc point un miracle que Cécilius aussi soit ébranlé, agité et flotte parmi tant de jugements contraires. Mais pour que cela ne dure pas plus longtemps, je vais le convaincre et le réfuter, bien que ses diverses accusations soient suffisamment éclaircies par la vérité, et que pour le reste, il ne lui soit permis ni doute ni erreur.

Mon frère a commencé par se plaindre violemment, s'irriter, s'indigner de ce que des ignorants, des pauvres, des gens sans culture, osent discuter sur les choses célestes. Il doit pourtant savoir que tous les hommes sans privilège d'âge, de sexe, ni de condition, furent créés raisonnables, intelligents et capables de discourir. Ce n'est pas la fortune, mais la nature qui donne l'intelligence. Les philosophes même ou ceux qui inventèrent les arts, et dont on garde la mémoire, avant que leur force d'esprit eût illustré leurs noms, passaient pour des plébéiens, ignorants et demi-nus. En réalité les riches, embarrassés par leurs biens, regardent plus souvent leur or que le ciel, et ce sont nos concitoyens pauvres qui inventèrent la sagesse, et transmirent leur science aux autres hommes. Il apparaît donc clairement que ce ne sont ni les richesses ni les études qui procurent le génie, mais que ce génie est un don inhérent à la formation de notre âme. Aussi il ne faut en rien s'indigner ni se plaindre, si le premier venu ose faire des recherches, méditer, ou donner son avis sur les choses divines, puisqu'on s'inquiète, non pas de l'autorité de la personne qui discute, mais de la vérité de la question. Dans un discours dont la forme est défectueuse et maladroite, la raison apparaît d'ailleurs plus clairement. Car, n'étant pas déguisée par l'éloquence et la beauté des phrases, elle apparaît, telle qu'elle est, c'est-à-dire comme la règle du droit.

Certes je ne nie pas la maxime que Cécilius s'efforçait de mettre au premier plan : L'homme doit se connaître et s'étudier lui-même ; il doit se demander quel il est, comment il est, pourquoi il est ; s'il est une concrétion d'éléments, une production d'atomes ou plutôt s'il a été créé, formé et animé par Dieu. Mais nous ne pouvons pas nous étudier et nous arracher à nous-mêmes le secret de notre existence, sans étudier l'univers tout entier : car toutes choses sont tellement liées, enchaînées, cohérentes, que, sans étudier même soigneusement la raison de l'existence de Dieu, nous ne pouvons connaître celle de l'existence de l'homme. De même on ne peut pas bien gérer l'administration particulière d'une cité, sans connaître d'abord tous les genres de gouvernements du monde. Nous différons des bêtes de toute sorte, qui vont courbées vers la terre et ne peuvent rien voir sinon leur pâturage. Nous, au contraire, nous avons les yeux tournés vers le ciel et il nous est permis de le regarder. Nous avons encore la parole et la raison qui nous permettent de connaître Dieu, de le comprendre, de l'imiter. Il ne nous est donc pas permis d'ignorer cette lumière céleste qui s'introduit en nous par nos yeux et par tous nos sens. C'est le plus grand des sacrilèges, que de chercher à terre ce que nous devons trouver au ciel. C'est pourquoi il me semble que les gens qui veulent que ce monde si beau n'ait pas été achevé par une raison divine, mais qu'il ne soit qu'un assemblage fortuit de plusieurs pièces, il me semble que ces gens n'ont ni raison, ni sensations, ni même des yeux. Car, levez les yeux au ciel, regardez les objets qui sont à vos pieds ou qui vous entourent. Rien n'est plus clair, plus évident, plus certain que l'existence d'une divinité omnisciente, qui inspire, dirige, nourrit, gouverne toute la nature. Voyez même le ciel ; son étendue est très vaste, son mouvement très rapide ; tantôt, pendant la nuit il est parsemé d'étoiles, tantôt, pendant le jour c'est le soleil qui l'éclaire. Vous comprendrez quel esprit divin et merveilleusement pondéré se tient là pour tout diriger. Voyez le soleil ; il met juste un an à accomplir sa révolution.

Voyez aussi la lune, comme en un mois elle

grossit et accomplit son décours. Que dirai-je alors des retours successifs des ténèbres et de la lumière, qui nous permettent alternativement de travailler et de nous reposer ? Je laisse aux astrologues le soin de parler plus longuement des étoiles et de montrer comment elles dirigent les navigateurs, ou comment elles indiquent la saison du labourage et des moissons. Mais ce que je dirai, c'est que toutes ces choses n'ont pu être conçues, créées et disposées dans le monde, que par un artiste tout-puissant, une intelligence parfaite et que même pour les sentir, les pénétrer, les comprendre, il faut aux hommes beaucoup d'intelligence et de raison. Que dites-vous de cette suite de saisons, que distingue une constante variété dans les productions terrestres ? Ne prouve-t-elle pas que le monde a un auteur, un père ? Le printemps a ses fleurs, l'été a ses moissons ; l'automne fait mûrir les fruits et l'hiver nous donne les huiles nécessaires. Quel ordre facile à troubler s'il n'était régi par une souveraine raison ! Et quelle prévoyance ! L'hiver seul nous eût glacé avec les neiges, l'été seul nous eût brûlé de ses chaleurs ; mais entre ces saisons s'insèrent les douces températures de l'automne et du printemps. Ainsi l'année, retournant sur ses traces, s'écoule insensiblement par de secrètes et innocentes révolutions. Voyez encore : la mer est retenue captive par ses bords ; toutes les plantes tirent leur nourriture des entrailles de la terre ; l'océan est agité de continuels bouillonnements ; les sources coulent toujours sans jamais être épuisées, et les fleuves n'arrêtent jamais leurs courses ordinaires. Que dire de la juste disposition que l'on trouve dans l'âpreté des montagnes, dans les pentes des collines, dans l'étendue des campagnes ? Et les animaux ! voyez leurs moyens de défense, ils sont multiples : les uns sont munis de cornes, les autres armés de dents, pourvus de serres ou de pointes. Ils peuvent encore fuir grâce à la vitesse de leurs jambes ou de leurs ailes. Enfin considérez surtout notre propre beauté ; ne doit-on pas reconnaître que c'est un Dieu qui l'a faite ? Examinez notre stature droite, notre visage élevé, nos yeux placés au sommet du corps comme des sentinelles, et tous nos autres sens disposés comme dans une forteresse. Mais il est trop long de considérer chaque chose en particulier. Il n'est point de partie dans le corps de l'homme qui ne soit utile ou belle. Chose plus merveilleuse encore, nous avons tous une même figure avec des traits divers, ce qui fait que nous nous ressemblons tous, tout en étant tous différents. Et voyons ce qui concerne la naissance et le désir qu'a l'homme d'engendrer.

N'est-ce pas Dieu qui le lui inspire ? N'est-ce

pas lui qui fait que naturellement les seins d'une femme enceinte se gonflent de lait, pour que ce lait, tel une rosée, nourrisse et fasse croître le fœtus ? Et ce Dieu ne veille pas seulement sur le monde en général, il pourvoit à chacune de ses parties. L'Angleterre manque de soleil, mais elle est tempérée par la tiédeur des flots qui l'environnent. La sécheresse de l'Egypte est compensée par les inondations du Nil ; l'Euphrate assure la culture en Mésopotamie et y remplace la pluie. On dit que l'Indus arrose l'Orient. Or, lorsqu'on entre dans une maison, et qu'on y trouve toutes les choses bien travaillées, bien disposées, bien tenues, on comprend qu'il y a à la tête de cette maison un maître meilleur encore que toutes ces choses. Il en est de même dans cette vaste maison du monde : voyez le ciel et la terre ; comprenez la providence, l'ordre et la loi qui les régissent : vous comprendrez que ce tout admirable a un maître, un auteur plus beau que les astres eux-mêmes et que toutes les parties du monde. Mais peut-être vous ne doutez point de la Providence, vous voulez seulement savoir si c'est un Dieu unique ou l'autorité de plusieurs dieux qui régit le royaume céleste. Problème facile à résoudre, si l'on examine les royaumes terrestres qui ont ce royaume céleste pour modèle. Le partage du pouvoir n'a jamais eu son fondement dans la bonne foi et ne s'est jamais terminé sans effusion de sang. Laissons les Perses qui, du hennissement de leurs chevaux, tirent un augure pour la royauté. Passons aussi l'histoire tragique de ces deux frères Thébains. On connaît aussi le différend de nos jumeaux pour régner sur quelques cabanes et quelques bergers. Tout le monde a entendu parler de ces guerres entre gendre et beau-père * et a compris que deux hommes sont de trop même pour la fortune d'un si grand empire.

Voyez encore : Les abeilles n'ont qu'un seul roi ; les troupeaux, qu'un seul animal conducteur ; les chevaux en troupe, qu'un seul étalon qui les mène. Et vous croyez que ce souverain pouvoir, ce vrai et divin empire du ciel est divisé ? Cependant il est clair que Dieu, qui est l'auteur de tout, n'a ni commencement, ni fin. Il donne à tous les hommes la naissance, à lui-même il se donne l'éternité. Avant de créer le monde, il était lui-même le monde.

C'est sa parole qui commande à toutes les choses, sa raison qui les dirige, sa puissance qui les achève. C'est ce Dieu que nous ne pouvons voir, car il est trop brillant pour nos yeux, que nous ne pouvons embrasser, car il est trop pur pour que nous le touchions. Nous ne pouvons même pas l'imaginer, car il est au-dessus de nos sens ; il est infini, immense, et seul il sait tout ce qu'il est. Notre âme est trop étroite pour le saisir, et c'est assez le comprendre que dire qu'il est incompréhensible. Dirai-je ce que je pense ? C'est diminuer la grandeur de Dieu que de penser la connaître. Celui qui ne veut pas la diminuer, ne doit donc point la connaître. Ne cherchons pas non plus un nom à Dieu ; Dieu est son nom. Il est besoin de plusieurs mots, lorsqu'on veut se servir d'appellations particulières pour distinguer une foule de dieux. Mais pour notre Dieu qui est seul, le simple mot de Dieu suffit. Si je l'appelais du nom de père vous pourriez croire que c'est un être terrestre. Si je le nommais roi, vous en feriez un être charnel. Si je le nommais maître, vous le prendriez pour un simple mortel. Enlevez-lui tous ces noms, dont vous le gratifiez, et vous découvrirez sa propre lumière. J'ai d'ailleurs encore pour moi un aveu universel. Ecoutez la foule : elle élève les mains vers le ciel et n'invoque que Dieu : Grand Dieu, vrai Dieu, s'il plaît à Dieu. Y a-t-il une différence entre ce langage naturel du peuple et celui d'un chrétien qui confesse sa foi ? Les hommes qui admettent Jupiter, comme principe suprême, se trompent de nom : mais du moins ils admettent un pouvoir unique. Entendons les poètes ; ils disent qu'il y a des dieux et des hommes et que l'âme des mortels est telle que Dieu, l'auteur de toutes choses, la leur a insufflée. Que dit à ce sujet le poète de Mantoue, Virgile ? Il parle en termes plus clairs et plus près de la vérité. Au début, dit-il, le ciel, la terre et les autres parties du monde étaient animés intérieurement par un esprit, et dirigés par une intelligence infuse, ce qui donna naissance aux différentes races d'hommes et d'animaux de toutes sortes. Le même poète, dans un autre passage, appelle Dieu cet esprit et cette intelligence. Voici ses propres paroles : « Dieu court en tous lieux, par la mer, par la terre et par les cieux. Ainsi naissent les hommes, les bêtes, la pluie, les feux... » Et nous-mêmes, comment définir ce Dieu, sinon un esprit, une raison et une intelligence ? Mais, s'il nous plaît, revoyons les doctrines de vos philosophes ; Certes leurs raisonnements diffèrent, mais vous verrez cependant que tous aboutissent et reviennent au même point. Laissons ces anciens et rudes philosophes, que leurs belles paroles firent surnommer les Sages.

Voyons Thalès de Milet * qui le premier discuta sur ce problème céleste. L'eau est, d'après lui, le principe de toutes choses. Mais Dieu est cette intelligence qui de l'eau tira toutes choses, et ce Dieu donna à l'eau et à son propre esprit une vertu si haute et si sublime, que l'homme ne peut l'atteindre. Comme on le voit, l'opinion du premier philosophe s'accorde tout à fait avec la nôtre. Dans la suite Anaximène * et Diogène d'Appollonie * firent de Dieu, l'air infini et immense. Ceux-ci ont donc encore le même sentiment de la divinité que nous. Anaxagore * donne une autre description et une autre façon de comprendre la divinité : pour lui Dieu est un esprit infini. Pour Pythagore * Dieu est aussi un esprit, attentif et surveillant toute la nature. Ce Dieu donna la vie à tous les animaux. La définition de Dieu d'après Xénophane * est connue : c'est tout ce qui est infini avec de l'intelligence. Antisthènes * admet bien plusieurs dieux nationaux, mais il en veut un principal pour toute la nature. Speusippe * reconnaît l'existence d'une certaine force naturelle et animale qui régit tout et qu'il appelle Dieu. Et Démocrite * ? Il est cependant l'inventeur des atomes, et il lui arrive souvent de nommer Dieu soit la nature qui forme les images, soit l'intelligence qui les reçoit. Pour Straton aussi, Dieu c'est la nature. Epicure * lui-même qui fait des dieux des êtres oisifs ou même qui les anéantit, subordonne tout à la nature. Aristote * varie dans ses opinions : tantôt il reconnaît un esprit comme unique puissance, tantôt le monde ; tantôt au contraire il assujettit le monde à Dieu. C'est aussi l'avis d'Héraclide du Pont *, qui, malgré la diversité de ses idées, donne pourtant à Dieu une intelligence divine. Théophraste *, Zénon *, Chrysippe *, Cléanthe *, bien qu'ils varient souvent dans leurs opinions, reviennent tous cependant à l'unité de la Providence. Car pour Cléanthe Dieu est tantôt une raison, tantôt un esprit, tantôt l'air, tantôt une cause d'événements. Zénon, le maître du précédent, veut aussi que ce soit une loi naturelle et divine, ou bien l'air, ou bien encore une raison qui soit le principe de toutes choses. D'ailleurs en établissant que Junon, c'est l'air ; Jupiter, le ciel ; Neptume, la mer ; Vulcain, le feu ; et en montrant que tous les autres dieux qu'adorent la foule sont également des éléments, il a réfuté et complétement détruit l'erreur publique de l'Idolâtrie. Le système de Chrysippe * est sensiblement le même : il croit qu'une force divine, une nature raisonnable, par moments le monde ou une fatale nécessité, c'est là Dieu ; comme Zénon * il explique la physique en citant des vers d'Hésiode, d'Homère et d'Orphée. C'est aussi la méthode qu'emploie Diogène de Babylone * pour expliquer l'enfantement de Jupiter et la naissance de Minerve. Il accorde d'ailleurs que toutes ces légendes sont des mots, et n'intéressent pas les dieux. Pour Xénophon *, un disciple de Socrate, la forme du vrai Dieu est invisible ; il est donc inutile de chercher à la connaître. On ne peut en aucune façon la comprendre, telle est aussi l'opinion d'Aristo, philosophe de l'île de Chio. Tous deux sentirent vraiment la majesté de Dieu, en désespérant de la connaître. Le discours de Platon sur Dieu est plus clair, tant par les choses traitées que par les termes employés. C'est un discours que je qualifierais de céleste s'il n'était souillé par un mélange fréquent de philosophie et de politique. C'est aussi Platon, qui dans le Timée *, appelle Dieu le père du monde, le créateur de l'âme, l'auteur de toutes choses, terrestres et célestes. Il en parle comme d'un être tout d'abord impossible à connaître, à cause de sa puissance étonnante et incroyable, et dont on ne peut parler en public, même quand on est arrivé à le connaître. Il n'y a aucune différence entre ces paroles et les nôtres : car nous reconnaissons un Dieu ; nous l'appelons père de toutes choses et nous n'en parlons jamais en public, sauf quand on nous interroge. Bref, j'ai exposé les théories de presque tous les philosophes qui eurent quelque gloire et qui sont illustres. Tous, sous des noms divers, ont reconnu l'existence d'un seul Dieu. N'importe qui doit donc penser ou bien que les philosophes de jadis furent chrétiens ou bien que les chrétiens sont les philosophes d'aujourd'hui.

Si donc il est une providence divine qui dirige

le monde, si le geste d'un seul Dieu commande à l'univers, ne nous laissons point persuader par une antiquité ignorante, profondément attachée à des fables qui l'abusent : ne la suivons point dans ses erreurs. Elle est réfutée par les doctrines même de ses propres philosophes qui ajoutent au crédit de l'ancienneté l'autorité de la raison. Nos ancêtres avaient une naïve bonne foi, qui croyait facilement aux mensonges ; ils crurent même spontanément à de prodigieux miracles : ils admirent les métamorphoses de Scylla * ; des Chimères * ; l'existence d'une Hydre * que ses bénignes blessures faisaient renaître, et de Centaures *, ces êtres à la fois hommes et chevaux. Tout ce qu'il plaisait à la renommée d'imaginer, nos pères le croyaient volontiers. Qu'est-ce que c'est que tous ces contes de vieilles bonnes femmes, que ces hommes changés en oiseaux, ces bêtes changées en hommes, et ces hommes encore qui deviennent des arbres ou des fleurs ? Si tout cela était arrivé, il se ferait encore des miracles, ils ne peuvent plus se faire, donc ils n'existèrent jamais. Il en est de même pour tous ces dieux. Nos ancêtres imprévoyants, avec leur crédule et rude simplicité, ont cru à leur existence. C'étaient d'abord des rois, à qui ils rendaient un culte religieux ; dont ils voulaient garder les traits, après leur mort, dont ils voulaient glorifier la mémoire par des statues. Ils firent des honneurs divins de ce qui n'était au début que de simples consolations. Enfin, avant que le monde s'ouvrît au commerce, avant que les diverses nations mélangeassent leurs rites et leurs mœurs, chacune de ces nations honorait son propre fondateur, ou quelque fameux général, ou bien une reine chaste et courageuse au delà de son sexe, ou l'inventeur d'un art quelconque ou d'une chose utile, ou simplement un citoyen d'illustre mémoire. C'était pour les morts une récompense en même temps qu'un exemple pour les générations futures. Lisez les écrits des historiens, et vous reconnaîtrez avec moi que tous ces Dieux ne sont que des hommes, dont on glorifia la vertu ou les services. Euhemerus * parle avec exactitude des lieux où ils sont nés, de leurs patries, de leurs tombeaux. Il les attribue chacun à une province particulière. D'après lui, Jupiter naquit en Crète, Apollon à Delphes, Isis * à Pharos, Cérès * à Eleusis. Enfin de beaucoup d'hommes qui erraient par le monde, on a fait des dieux, parce que leurs inventions avaient été très utiles à l'humanité. C'est dans le même sens que Perseus * en a parlé ; il alla jusqu'à donner les mêmes noms aux inventeurs et aux fruits inventés ; comme il dit comiquement : « Vénus est froide sans Bacchus et Cérès. » Alexandre le Grand, roi de Macédoine, écrivit un remarquable traité à sa mère, où il lui dit qu'un sacrificateur, ayant eu peur de sa puissance, lui avait dévoilé ce secret, que les dieux ne sont que des hommes. D'ailleurs cet homme plaçait Vulcair à la tête de tous les dieux, et lui subordonnait toute la race de Jupiter. Considérez cette métarmorphose du sistre d'Isis en hirondelle ! On dispersa les membres de Sérapis ou d'Osiris ; qu'est-ce alors que leur vain tombeau ? Regardez tous ces sacrifices, tous ces mystères. Vous y verrez des événements tristes, de tristes destinées, des morts, des deuils, des plaintes de ces Dieux malheureux. Isis a perdu son fils ; avec son Anubis * cynocéphale et ses autres prêtres, elle pleure, se plaint et cherche son enfant. Les prêtres affligés se battent la poitrine, imitant la douleur de cette mère malheureuse. Bientôt Isis retrouve son fils, elle est heureuse ; les prêtres exultent et Anubis qui l'a trouvé s'en glorifie. Et tous les ans ces divinités ne manquent pas de perdre ce qu'elles ont déjà retrouvé et de retrouver encore une fois ce qu'elles ont encore perdu. N'est-il pas ridicule de pleurer sur les objets de son culte, ou d'adorer ce qui nous fait pleurer ? Ce sont là des rites qui furent jadis Egyptiens et qui sont maintenant Romains. Au milieu de torches allumées, Cérès, portée sur des serpents, cherche, pleine d'anxiété et de sollicitude, sa fille Proserpine qu'on lui arracha par surprise. Ces rites nous viennent d'Eleusis. Parlerons-nous des cérémonies consacrées à Jupiter ? C'est une petite chèvre qui le nourrit ; tout enfant, il fut arraché à l'avidité de son père et les Corybantes tapaient de leurs cymbales, de peur que ce père sauvage entendît les vagissements du nouveau-né. Quant à Cybèle, la déesse du mont Dyndime *, j'ai honte d'en parler ; un jeune homme * (1) eut le malheur de lui plaire ; vieille et difforme (elle était déjà mère de plusieurs dieux), et ne pouvant s'en faire aimer, elle le priva de sa virilité, sans doute pour en faire un Dieu qui fût eunuque ! Par suite de cette légende on voit des Gaulois mutiler leurs corps, pour devenir les prêtres de cette déesse. Que dire des formes sous lesquelles se présentent vos dieux ? Ne prouvent-elles pas leurs débauches et leur ridicule ? Vulcain est boiteux et débile. Après tant d'années vécues, Apollon est toujours imberbe. Mais en revanche, Esculape (pourtant le fils de ce jeune homme) est grandement barbu. Neptune a les yeux glauques ; Minerve les a bleus. Junon, elle, a des yeux de bœuf. Si Mercure a des pieds ailés, Pan a des pieds de chèvre et Saturne voit les siens enchaînés. Il est vrai que

(1) Le berger Atys.

Janus a deux visages, comme s'il marchait en arrière ! De temps en temps Diane prend ses habits de chasseresse ; mais comme déesse d'Éphèse elle est représentée avec un nombre incalculable de mamelles ; comme déesse des carrefours, elle a trois têtes et de multiples mains, ce qui la rend horrible. Et votre Jupiter ? Tantôt sans barbe, tantôt barbu, lorsqu'on l'appelle Hammon *, il a des cornes. Quand il se nomme Capitolinus *, il porte des foudres. Quand c'est Latiaris *, on l'arrose de sang ; quand c'est Feretrius *, on l'approche à peine. Et pour ne pas poursuivre plus longtemps cette infinie variété de « Jupiters », disons que Jupiter est représenté par autant de monstres qu'il a de noms. Érigone s'est pendue pour être aux cieux parmi les astres, comme une vierge en feu. Castor et Pollux pour vivre éternellement, moururent tous les deux. Esculape est foudroyé pour devenir dieu ; Hercule, pour glorifier tout ce qu'il y avait d'homme en lui, est brûlé sur le mont Œta !

Voilà les fables et les erreurs que nos ancêtres ignorants nous ont transmises. Ce qui est plus grave, c'est que nous les cultivons par les études et par les sciences, et surtout par la lecture des poètes : l'autorité, qu'ils ont acquise, fait en effet qu'ils ont beaucoup nui à la vérité. C'est avec raison que Platon chassait Homère, malgré sa gloire, ses louanges et ses couronnes, hors de la République idéale, qu'il avait imaginée dans ses livres. C'est ce poète qui le premier, dans sa description de la guerre de Troie (bien qu'il la traite comme une fable), a immiscé vos dieux dans les faits et gestes des hommes. Il créa chez ces dieux des partis contraires. Dans son livre on vit Mars vaincu, blessé, en fuite. Briarée * délivra Jupiter que les autres dieux voulaient lier. Ce Jupiter lui-même, ne pouvant arracher son fils Sarpédon à la mort, l'arrosa d'une pluie sanglante. Il revêtit la ceinture de Vénus, et coucha ainsi avec sa femme légitime Junon, pris d'une ardeur plus forte à celle qu'il avait pour ses maîtresses. Ailleurs, c'est Hercule, qui nettoie une étable, Apollon qui garde les troupeaux d'Admète. Neptune bâtit des murailles pour Laomédon et ce malheureux constructeur ne reçoit aucun salaire de son travail. Vulcain fabrique sur une enclume la foudre de Jupiter et les armes d'Enée. Comme si le ciel, la foudre et les éclairs n'existaient pas bien avant la naissance de Jupiter en Crète ! Et, comme si un Cyclope pouvait imiter les flammes de la vraie foudre, et Jupiter ne pas les craindre ! Parlerai-je de Mars et de Vénus dont l'adultère est si connu ? de cette passion de Jupiter pour Ganymède *, passion qui fut consacrée dans le ciel ? Que dire de toutes ces choses, sinon que les poètes les inventèrent uniquement pour faire excuser les vices des hommes, les couvrant de l'autorité des dieux? Ce sont de telles fictions et des mensonges si agréables qui corrompent l'esprit des enfants. Puis ces fables s'incrustent dans l'esprit de ces enfants qui grandissent et les gardent jusqu'à un âge avancé. Enfin, hommes, ils vieillissent misérablement avec les mêmes opinions. La vérité est pourtant bien facile à trouver; mais seulement pour ceux qui la cherchent...

Saturne, le père de cette multitude de dieux, fut un homme; tous les anciens écrivains grecs et latins le reconnaissent. Nepos et Cassius le disent dans leur histoire et voici ce qu'ont écrit Thallus et Diodorus : « Saturne s'enfuit de Crète, par crainte de son fils; il arriva en Italie. Janus lui donna l'hospitalité, et Saturne, instruit comme l'est tout Grec, apprit beaucoup de choses en échange à ces hommes grossiers et barbares. Il leur apprit à écrire, à marquer les monnaies, à fabriquer des instruments. Comme il avait été en sûreté dans ce pays comme dans une cachette, il l'appela Latium et fonda une ville qui prit son nom : Saturnia, comme Janus fonda Janiculum, tous deux pour laisser leur mémoire à la postérité. » Celui donc qui a fui, qui s'est caché, qui enfanta des hommes et eut pour père un homme, est un homme lui-même. Il naquit de parents inconnus en Italie : on fit de lui le fils du ciel et de la terre, comme aujourd'hui on prend pour des envoyés du ciel ceux qui apparaissent tout à coup. Nous nommons d'ailleurs aussi les gens de basse naissance ou de parents inconnus, les fils de la terre. Le fils de Saturne, Jupiter, après avoir chassé son père, régna en Crète. Il y mourut, il y eut des enfants; on voit encore dans ce pays l'antre de Jupiter et son tombeau. Ses propres sacrifices montrent qu'il fut un homme. Ce serait perdre son temps qu'examiner tous les Dieux l'un après l'autre, et d'expliquer toute la suite de leur race. D'ailleurs, par l'ordre même de la succession, cette mortalité, que nous avons prouvée chez les premiers dieux, se retrouve chez tous les descendants.

Mais peut-être vous les faites dieux après leur mort : alors Romulus doit sa divinisation à un faux serment de Proculus *, Juba * la doit à la bonne volonté des Maures et tous les autres rois reçurent une consécration qui est moins un témoignage de divinité, qu'un dernier honneur rendu à leur autorité passée. C'est bien malgré eux qu'ils acquièrent ce titre. Hommes, ils désirent longtemps être hommes, ils craignent de devenir dieux et même âgés ils refusent ce titre. Et pourtant ce ne peut pas être des hommes morts que vous faites dieux : puisqu'un dieu ne peut mourir. Ce ne sont pas non plus des hommes qui sont nés, puisque tout ce qui est né meurt, et que seul est divin ce qui n'a ni commencement, ni fin. Pourquoi, si vos dieux naquirent autrefois, n'en naît-il plus aujourd'hui ? Jupiter serait-il trop vieux, ou Junon serait-elle devenue stérile ? Minerve a-t-elle vieilli sans être mère ? Ou plutôt, ces générations de dieux n'ont-elles pas cessé depuis qu'on a cessé de croire à toutes vos fables ? D'ailleurs si les dieux pouvaient naître, ils ne pourraient pas mourir : Nous aurions alors encore plus de dieux qu'il n'y a d'hommes et jamais le ciel ni l'air ne pourraient les contenir, jamais la terre ne pourrait les porter ! Ainsi il est manifeste que tous nos dieux étaient des hommes ; nous pouvons lire en effet l'histoire de leur naissance et de leur mort. Or qui doute que le peuple prie et adore publiquement leurs statues consacrées ? La pensée et l'esprit des ignorants sont trompés par l'art, séduits par l'éclat de l'or, éblouis par l'argent brillant ou la blancheur de l'ivoire qui décorent ces statues. Si l'on venait à s'imaginer avec quels objets de toute sorte chaque statue est faite, on rougirait de craindre cette matière, qu'un artisan habile a transformée en dieu. Est-ce un dieu en bois ? Ce peut être un bûcher ou quelque infâme gibet, que l'on a coupé, raboté, scié. S'il est d'airain ou d'argent, il a peut-être été fait d'un immonde bassin ; cela arriva jadis particulièrement à un roi d'Egypte (1) ; on forgea ce bassin, on le battit à coups de marteau, on lui fit sur l'enclume prendre une autre forme. Si c'était un dieu de pierre, il fut taillé, ciselé, poli par un homme ignorant,

Il n'a pas senti les injures de la naissance, ni ensuite les honneurs de votre vénération. C'est peut-être que ce bloc de pierre, de bois ou d'argent n'est pas encore un dieu. Quand donc le devient-il ? On fait fondre ce bloc, on le fabrique, on le taille ; il n'est pas encore dieu ? On le plombe, on le dresse, on l'élève ; il ne l'est pas encore ? On le pare, on le consacre, on le prie : ce bloc est enfin devenu dieu parce que les hommes l'ont voulu et l'ont affirmé par leurs actes. Qu'il y a plus de vérité dans le jugement muet et naturel des animaux sur vos dieux ! Voyez les rats, les hirondelles, les milans ; ils savent que vos dieux sont insensibles, ils les rongent et sans respect se perchent sur leurs têtes. Si même vous ne les chassiez, ils iraient jusqu'à nicher dans la bouche de vos divinités. Les araignées couvrent leur visage de leur toile et attachent à leur tête l'extrémité de leur fil. Et vous, vous frottez vos idoles, vous les nettoyez, vous les raclez. Vous craignez et protégez ces

(1) Allusion à l'anecdote d'Amasis rapportée par Hérodote (Cf. Livre II, ch. 172-175).

dieux que vous-mêmes avez fait dieux. Ainsi personne d'entre vous ne pense qu'il faut connaître un Dieu avant de l'adorer. Vous vous efforcez d'obéir aveuglément à vos ancêtres ; vous aimez mieux accepter l'erreur d'autrui que croire votre propre bon sens. Vous ne connaissez pas les objets de vos craintes ; l'avarice est consacrée dans l'or et dans l'argent ; des statues vaines représentent diverses formes ; ainsi naquit cette superstition romaine, dont les rites (si tu les observes tous séparément) sont ou ridicules, ou pour la plupart déplorables.

Les uns courent çà et là, tout nus, au plus fort de l'hiver. D'autres s'avancent, un chapeau sur la tête, portant de vieux boucliers. Ils se taillent la peau et promènent de quartier en quartier leurs dieux mendiants. Il est des temples où l'on ne peut entrer qu'une fois l'an. Il en est d'autres qu'il n'est point du tout permis de visiter. Certains sont interdits aux hommes, d'autres sont interdits aux femmes. Un esclave ne peut assister à certaines cérémonies fixées, ou bien il est immolé en sacrifice expiatoire. Il y a des sacrifices faits par une femme qui n'a eu qu'un mari, d'autres par une femme qui en a eu plusieurs. C'est avec une grande foi que l'on recherche celle qui peut à son actif compter le plus d'adultères ! Et que dire de cet homme qui offre aux Dieux son propre sang, et ajoute aux prières ses propres blessures. Il vaudrait certes mieux qu'il fût profane que religieux de cette façon ! Il en est de même d'un homme, qui, pour plaire aux Dieux, se coupe les organes sexuels : en réalité il offense les dieux. Car si ceux-ci voulaient des eunuques, ils pourraient en créer eux-mêmes et non nous forcer à les faire. Il est facile de comprendre que ce sont des insensés, des esprits vains et perdus qui s'amusent à ces folies ; et si l'erreur l'emporte, c'est que tous ces gens qui se trompent se soutiennent mutuellement. C'est dans ce cas que la multitude des fous est le soutien même d'une folie commune. Cependant, dites-vous, c'est à cette superstition que les Romains ont dû leur empire, et leur pouvoir toujours accru. C'est moins leur courage que leur religion et leur piété qui les a fait triompher. Ah ! oui ! Mais alors, cette justice romaine, si remarquable, si connue, a dû exister dès les commencements mêmes de cet empire naissant ? Au début de leur histoire, n'y a-t-il cependant pas eu un crime, et les Romains n'ont-ils pas dû leur prospérité à la crainte qu'inspirait aux autres peuples leur cruauté ? Ce premier groupement fut le résultat d'un asile où arrivèrent en foule les gens perdus, les criminels, les incestes, les assassins, les traîtres. Et pour que Romulus lui-même, leur chef et leur maître, les dépassât tous dans le crime, il fit un parricide. Voilà les premiers auspices sous lesquels commença cette ville religieuse. Et bientôt, c'est la trahison, c'est le rapt illégal, c'est le viol de jeunes filles étrangères, déjà fiancées ou promises, l'enlèvement à leurs familles même de femmes mariées. C'est une guerre avec des étrangers qui sont devenus leurs parents (leurs beaux-pères), une guerre où ils répandent le sang de leurs proches. Qu'il y a-t-il de plus irréligieux, de plus audacieux, de plus criminel même que cette confiance dans ses forces? Enfin chasser les voisins de leur territoire; détruire les cités les plus proches sans ménager leurs temples et leurs autels; employer la force avec les captifs, s'accroître par les pertes d'autrui, et par ses propres crimes; c'est là un programme commun à Romulus comme aux rois et aux chefs qui lui succédèrent. Ainsi tout ce qui appartient aux Romains, tout ce qu'ils cultivent ou possèdent, est le fruit de leur audace. S'ils ont construit des temples, c'est grâce aux pillages, aux villes qu'ils ont ruinées, aux dieux étrangers qu'ils ont volés, aux prêtres qu'ils ont égorgés. C'est un respect insultant et illusoire que ce respect pour des divinités vaincues, pour des dieux qu'on adore captifs, après en avoir triomphé. C'est même un sacrilège d'adorer ce qui a été pris pendant la guerre, et de consacrer des choses qui ne peuvent être divines. Donc toutes les fois qu'ils triomphèrent, les Romains furent impies. Toutes les fois qu'ils élevèrent des trophées pris sur les nations adverses, ils emportèrent des dépouilles des dieux. En un mot ils grandirent, non pour avoir été très religieux, mais parce qu'ils furent impunément sacrilèges. Dans les guerres même il est impossible qu'ils aient eu l'aide de dieux, qu'ils avaient commencé à honorer après en avoir triomphé par les armes, et après les avoir menés en triomphe, une fois vaincus. Que pourraient de tels dieux pour la cause romaine, quand ils ne furent d'aucun secours aux leurs dans une guerre contre ces mêmes Romains? Quant aux dieux originaires de Rome, nous les connaissons tous : Romulus, Picus *, Tiberinus*, Consus *, Pilumnus *, Picumnus *. Tatius inventa le culte de Cloacine *. Hostilius créa ceux de la Frayeur * et de la Pâleur *. Bientôt on vit créer par je ne sais qui celui de la Fièvre *. Voilà la superstition qui est vraiment l'enfant de Rome, je veux dire le culte des maladies et des souffrances. Sans doute il faudrait compter parmi ces maladies ou plutôt ces dieux des Romains, Acca-Laurentia * et Flora *, ces fameuses courtisanes sans pudeur. Enfin ce sont les dieux précités qui soutinrent sans doute l'empire des Romains, contre les autres Dieux, qu'adoraient les nations étrangères. Car Mars, qui est Thrace, ne les soutint certainement pas, lorsqu'ils luttaient contre ses adorateurs. Jupiter ne les soutint pas non plus en Crète, ni Junon contre la Grèce, Samos ou Carthage ; ni Diane, lorsqu'ils combattaient au pied du Mont-Taurus, ni Cybèle, en Phrygie, ni tous ces monstres (car ce ne sont pas des divinités), lorsqu'ils faisaient la guerre aux Égyptiens. Mais peut-être chez les Romains, les vierges sont-elles plus jalouses de leur honneur, les prêtres sont-ils plus religieux et plus saints qu'ailleurs ?

Cependant on a puni chez vous l'inceste de plusieurs vierges qui s'étaient mêlées trop inconsidérément à des hommes, sans que certainement Vesta, leur déesse, le sût. Quant aux autres qui furent impunies, ce n'était pas que leur chasteté était mieux défendue, mais leur impudicité plus heureuse. Ces prêtres, eux, c'est au pied des autels, dans les temples qu'ils s'occupent d'incestes, trafiquent de l'honneur des femmes, et méditent des adultères. On trouve la passion plus ardente et plus souvent dans les cellules des gardiens des temples, que dans les lupanars eux-mêmes. Enfin avant que les Romains mêmes existassent et sans avoir besoin de dieux pour cela, les Assyriens, les Mèdes, les Perses, les Grecs mêmes et les Egyptiens ont longtemps possédé leurs royaumes. Il n'y avait point alors pourtant de pontifes, de prêtres Arvales* ou Saliens, de vestales ou d'augures, et non plus ces petits poulets enfermés dans leur cage, dont l'appétit ou le dégoût tranchent les questions les plus graves pour l'État. Car j'en viens en effet à ces auspices et augures romains, que vous avez réunis à grand'peine pour alléguer qu'on se repentit lorsqu'on les délaissa, et qu'on eut lieu de se féliciter, quand on les consulta. C'est sans doute parce qu'ils n'avaient pas jugé bon d'attendre l'augure favorable donné par les poussins que Clodius*, Flaminius*, Junius* perdirent leurs armées ? Mais alors Régulus* ? Il obsetva les augures et fut pris tout de même. Mancinus*, pourtant religieux, fut trahi et passa sous le joug. les poulets mangeaient avidement lorsque Paulus les consulta ; cela ne l'empêcha pas d'être abattu à Cannes avec la plus grande partie du peuple romain. Les augures et les auspices s'opposaient à ce que César passât en Afrique par mer avant l'hiver ; César les méprisa ; est-ce pour cela qu'il eut une traversée et une victoire si faciles ? Mais on pourrait en dire, et de belles, sur les Oracles ! Amphiaraüs* après sa mort prédisait encore l'avenir, lui qui ne sut pas que sa femme devait le trahir pour un collier ! Tiresias (il était aveugle) voyait les choses futures, mais non pas les choses présentes. Ennius* imagina à propos des Pyrrhus une réponse en vers d'Apollon Pythien, alors qu'Apollon avait cessé depuis longtemps de faire des vers. Cet oracle même d'Apollon si ambigu, si prudent dans ses réponses, a perdu toute influence, depuis que les hommes sont devenus plus civilisés et moins crédules. Démosthène, qui savait bien que toutes ces réponses étaient feintes, se plaignait de ce que la Pythie s'entendait avec Philippe! Mais est-ce que les oracles et les auspices n'ont pas parfois prédit la vérité? Bien qu'entre plusieurs mensonges, le hasard puisse faire croire à une apparence de science, je chercherai cependant à connaître la source même de l'erreur et de la corruption, d'où toutes ces ténèbres émanent. Je pénétrerai plus avant dans la question pour pouvoir vous l'exposer et la mettre bien en lumière. Il y a des esprits insincères, errants, qui sont déchus de la vigueur céleste par leur participation aux passions et aux souillures terrestres. Ces esprits donc altérèrent et perdirent la pureté de leur substance par ces vices où ils se sont plongés, et pour se consoler de ce malheur, ils n'hésitent pas, après s'être perdus eux-mêmes, à chercher à perdre les autres. Ils se corrompirent d'abord et répandent maintenant partout l'erreur et la corruption. Dieu les éloigna de lui; ils cherchent à éloigner de Dieu les autres hommes en introduisant dans le monde de fausses religions. Ces esprits, ce sont des démons, au dire des poètes et des philosophes. Socrate connut particulièrement ces êtres, lui qui avait auprès de lui pour le conseiller et lui donner des ordres un démon, dont l'avis lui faisait éviter ou entreprendre les affaires. Quant aux mages, non seulement ils connaissent les démons, mais c'est avec leur aide qu'ils font tous leurs miracles illusoires. C'est l'esprit des démons qui les inspire et les pénètre, quand ils font toutes ces choses prestigieuses : quand ils rendent visible ce qui est absent ; quand ils rendent invisible ce qui est tout près. Le premier de ces mages et le plus fort soit en paroles, soit en actes, fut Hostanes. Il reconnaît la véritable majesté de Dieu et l'existence des anges, qui ne sont que les serviteurs et les messagers du vrai Dieu. Il les fait tenir près de lui, pleins de respect, et tremblants, terrifiés, par un seul regard ou un ordre du Maître. Mais ce même Hostanes a aussi remarqué l'existence de démons terrestres, errants, ennemis de l'humanité. Et Platon qui travailla tellement à connaître Dieu ! Ne parle-t-il pas sans peine des anges et des démons ? Dans son ouvrage intitulé *le Banquet*, ne va-t-il pas jusqu'à vouloir donner une définition de la nature des démons. Il en fait des corps dont la substance tient l'intermédiaire entre le mortel et l'immortel, entre le corps et l'esprit, en un mot une sorte de synthèse concrétisée de lourdeur terrestre et de légèreté céleste. Cette substance fait naître en nous la passion de l'amour, qui se glisse et croît insensiblement dans le cœur de l'homme, qui trouble ses sens, émeut ses affections, allume en lui l'ardeur du désir. Or donc ces esprits impurs (comme l'ont bien montré les mages, les philosophes et surtout Platon) se tiennent cachés sous les statues et les images que vous leur avez consacrées. Ils cherchent à vous entretenir dans cette erreur qu'ils sont des dieux, tantôt en inspirant vos devins, tantôt en s'arrêtant dans vos temples. Parfois ils animent les entrailles des victimes, règlent le vol des oiseaux, gouvernent les sorts, font rendre des oracles pleins de faussetés. Ainsi ils se trompent et nous trompent, soit parce qu'ils ignorent la vérité, soit parce que, la sachant, ils ne veulent pas nous la dire lorsqu'elle les perdrait. Ils nous détournent du Ciel et nous rabaissent vers la terre; ils nous détournent de Dieu pour nous intéresser aux choses matérielles; ils troublent notre vie et notre sommeil. Esprits subtils, ils se glissent d'une façon imperceptible dans les corps, leur donnent des maladies simulées, terrifient nos esprits en même temps qu'ils torturent nos membres.

C'est ainsi qu'ils nous forcent à les honorer, à faire reluire leurs autels de la graisse des victimes. Ils semblent nous avoir guéris, alors qu'ils n'ont fait qu'enlever de nos corps ce qu'ils y avaient embrouillé eux-mêmes. C'est encore eux que vous voyez courir furieux en public : car, lorsque les devins continuent à déraisonner hors du temple, lorsqu'ils trépignent ou tournent autour d'eux-mêmes, c'est qu'ils sont également possédés du démon, bien que les causes de leur fureur soient différentes. Et ces miracles, que tu as rapportés plus haut, Cécilius, ils viennent encore de vos devins. Par exemple, ce Jupiter, qui envoie un songe pour réclamer la répétition de certains jeux, cette apparition de Castor et Pollux à cheval ; ce bateau qui se laisse conduire par la ceinture d'une femme ! Presque tout le monde le sait : vos démons avouent ce qu'ils sont véritablement, quand, par les tourments de nos paroles, ou par les feux de l'oraison, nous les forçons à sortir de leurs formes corporelles. Saturne lui-même, et Sérapis et Jupiter, et tous ces démons que vous honorez, avouent ce qu'ils sont, vaincus par la douleur. Et ce disant, ils ne mentent pas pour le plaisir de se rabaisser, surtout quand quelques-uns des vôtres sont présents. Puisqu'eux-mêmes témoignent qu'ils sont des démons, lorsqu'on les force à avouer, croyez-les. D'ailleurs si vous les adjurez au nom du Dieu vrai, le seul qui existe, ou bien ils restent fixés malgré eux aux corps qu'ils rendent misérables, ou bien ils en sortent de suite, ou disparaissent peu à peu, suivant la foi du patient et la grâce de celui qui les chasse. Ainsi ils ont pris l'habitude de fuir l'approche des chrétiens, alors que jadis ils les attaquaient de loin, par vous-mêmes, dans les assemblées : c'est pourquoi ils se glissent dans les esprits des ignorants, et font voir clairement qu'ils nous haïssent, parce qu'ils nous craignent. N'est-il pas naturel de haïr l'objet de nos craintes et de lui nuire dans la mesure de notre possible ? Ils occupent les âmes et les cœurs des hommes, pour que ces hommes nous haïssent avant même que de nous connaître, craignant que lorsqu'ils nous connaîtront, ces mêmes hommes nous imitent et ne puissent nous condamner.

Mais qu'il est donc injuste de juger les choses nouvelles et inconnues, comme vous le faites. Croyez-nous donc plutôt, nous qui maintenant nous repentons de nos fautes passées. Nous fîmes jadis comme vous ; nous avons cru, ignorants et aveugles, les mêmes fables : et que les chrétiens honoraient des monstres ! et qu'ils dévoraient des enfants, et qu'ils mélangeaient des incestes à leurs banquets !... Nous ne comprenions pas alors que c'étaient les démons qui répandaient ces fables, que l'on n'avait jamais examinées à fond ou prouvées. Nous ne réfléchissions pas que, depuis tant de temps il n'y avait pas eu un traître, pour tout révéler, sûr pourtant qu'il était d'obtenir à la fois la grâce de ses crimes et la récompense de sa révélation ! Nous ne voyions pas que leurs pratiques étaient à ce point innocentes, qu'un accusé chrétien, loin de témoigner de la honte ou de la crainte, se repentait de n'avoir pas été plus tôt ce que nous nommions criminel ! Cependant quand nous entreprenions de protéger ou de défendre ces sacrilèges, ces incestueux, ces parricides, nous ne pensions pas qu'il fallût les entendre jusqu'au bout. Parfois même, ayant pitié d'eux; nous les traitions plus rudement ; nous les pressions de nier ce qu'ils avouaient, sans doute de peur qu'ils ne périssent, pervertissant ainsi à leur endroit le véritable usage de la torture, qui est de faire avouer le coupable, et non de le forcer à nier. Et si quelqu'un, trop faible pour supporter la douleur, vaincu par elle, niait qu'il fût chrétien, nous le favorisions, comme si en abjurant ce titre, il s'était délivré de tous ses crimes. Reconnaissez-vous dans nos sentiments et nos actions d'alors ce que vous pensez et faites aujourd'hui ? Si ces juges étaient inspirés par le bon sens et non par de mauvais esprits, ne devraient-ils pas forcer les coupables, non pas à renier leur nom de chrétien, mais à avouer ces prétendus incestes, ces sacrifices impies, ces enfants immolés? Voilà en effet les fables que les démons ont versées dans les oreilles des ignorants pour nous rendre un objet d'horreur, d'exécration. Rien d'étonnant à cela; il en est ainsi de tout bruit que nourrissent des mensonges épars; il disparaît dès que la vérité se montre. Or c'est là l'affaire des démons; ils créent et entretiennent de fausses rumeurs. C'est pourquoi vous avez entendu dire que la tête d'un âne était pour nous l'objet d'un culte divin! Quel insensé l'homme qui adorerait cette tête d'animal! Mais quel insensé plus fou encore celui qui croit à l'existence d'un tel culte! A moins que vous, vous ne consacriez des ânes tout entiers dans leurs étables, lorsque vous consacrez Épone. A moins que vous n'adressiez à ces mêmes ânes des vœux aussi fervents qu'à la déesse Isis! Il est vrai que vous immolez, que vous adorez des têtes de bœufs et de moutons, que vous consacrez des dieux, moitié chèvres, moitié hommes, ou qui ressemblent à des lions et à des chiens. Ne partagez-vous pas avec les Égyptiens le culte du bœuf Apis? Ne le faites-vous pas paître vous aussi? D'ailleurs vous ne condamnez pas les sacrifices qu'ils ont institués en l'honneur de serpents, de crocodiles et d'autres bêtes, d'oiseaux et de poissons par exemple. Si quelqu'un tue un seul de ces animaux dieux, il est puni de mort. Pourtant ces mêmes Égyptiens et la plupart d'entre vous, vous ne craignez pas plus Isis que l'aigreur des oignons et votre Sérapis ne vous effraie pas plus que les vents qui font partie des ordures de l'homme. Quant à celui qui raconte que nous adorons les parties sexuelles de nos prêtres il ne fait que nous imputer ses propres vices. Car ce sont là des faits qui conviennent mieux à l'impudicité de gens, chez qui tous, à quelque sexe qu'ils appartiennent, se prostituent de toutes les façons ; chez qui l'extrême impudicité s'appelle amabilité ; qui envient la licence des filles publiques et se livrent à de honteuses caresses (1) ; dont la bouche, avide de jouissances, s'égare en des endroits inavouables, hommes de mauvaise langue, même quand ils se taisent, qui sont plutôt saisis par le dégoût de leur impudeur que par la honte. Horreur ! ils se livrent au dernier des vices, à ce vice que l'enfant ne peut pas souffrir, et auquel l'esclave le plus durement traité peut se soustraire. Ce sont là des choses infâmes qu'il ne nous est même pas permis d'écouter. Beaucoup de gens trouveraient honteux de les défendre ; et vous exposez là à des âmes chastes

(1) Malgré le *medios viros lambunt* et autres détails aussi significatifs, je crois qu'il est du devoir du traducteur, si peu pudibond soit-il, d'être inexact pour pouvoir être lu.

et pudiques des faits que nous ne croirions pas possibles, si vous-mêmes n'en étiez une vivante preuve.

Pour ce qui est de notre religion, quand vous parlez d'un homme coupable et de sa croix, vous êtes bien loin du chemin de la vérité, vous qui pensez que nous avons pu prendre pour un Dieu un simple homme terrestre, ou mieux qu'un homme coupable ait pu mériter ce titre ! Malheur au misérable qui met tout son espoir dans un homme mortel ! Son assistance se termine avec la mort de ce même homme. Sans doute les Egyptiens choisissent eux-mêmes l'homme qu'ils veulent adorer. Ils n'ont que ce culte ; c'est ce Dieu qu'ils consultent sur toutes choses ; c'est à lui seul qu'ils immolent des victimes. Et l'homme qui est un Dieu pour les autres, n'est jamais pour lui qu'un homme, qu'il le veuille ou non. Car s'il trompe la conscience d'autrui, il ne peut tromper sa propre conscience. Pour les princes et les rois, ce n'est pas comme des grands hommes, comme des élus des dieux qu'ils les regardent. Une fausse et honteuse flatterie leur en fait faire des dieux, alors qu'il est plus raisonnable d'honorer simplement un homme illustre, et d'aimer un homme plein de bonté. Ainsi ils invoquent leur divinité. Comme des suppliants, ils prient devant leurs images. Ils implorent leur Génie (c'est-à-dire leur démon) et ils se parjurent plus sûrement par celui de Jupiter que par celui de leur roi. Quant à la question des croix : nous ne les adorons, ni ne les désirons. Mais peut-être que vous qui consacrez des dieux de bois, vous adorez les croix de bois comme des parties de vos dieux. Vos enseignes, d'ailleurs, vos étendards, les bannières de vos armées ne sont-elles autre chose que des croix dorées et ornées ? Les trophées que vous élevez, quand vous êtes victorieux représentent non seulement une simple croix, mais même un homme fixé à cette croix. Nous voyons un signe de croix se faire naturellement lorsqu'un navire s'éloigne, toutes voiles dehors, ou glisse, les rames levées. C'est encore un signe de croix quand vous faites un joug, et lorsqu'un homme, étendant des mains suppliantes, révère Dieu dans la pureté de son âme. Ainsi le signe de croix est aussi bien la base naturelle de la raison que celle de votre religion.

J'en veux venir maintenant à ceux qui disent ou qui croient que notre initiation est marquée par le meurtre sanglant d'un enfant. Croyez-vous que cela puisse se faire ? qu'un corps si tendre, si frêle reçoive des coups de couteau ? qu'il se trouve quelqu'un qui veuille verser, répandre jusqu'à la dernière goutte le sang de ce petit être qui vient de naître, et qui n'est pas encore un homme ? Personne ne pourrait croire à ces crimes, sinon celui qui en est capable. Or je vous vois en effet exposer aux bêtes fauves ou aux oiseaux vos enfants, dès qu'ils sont nés. Parfois même vous vous en débarrassez par un genre de mort misérable, en les étranglant ! Il y a parmi vous des femmes qui, par l'absorption de médicaments spéciaux, tuent dans leurs entrailles le germe d'un homme futur et sont criminelles avant d'avoir enfanté. Ce sont là choses que vous avez apprises de vos Dieux. Car Saturne n'exposa peut-être pas ses enfants, mais il les dévora. Aussi est-ce normal que dans certaines parties de l'Afrique les parents immolent à ce Dieu leurs enfants, étouffant leurs cris sous des caresses et des baisers pour ne pas immoler des victimes qui pleurent. C'est un rite en l'honneur des dieux qui habitent le Mont Taurus, près du Pont-Euxin, et en l'honneur du dieu égyptien Busiris, d'immoler les hôtes, comme ces Gaulois inhumains qui offrent à Mercure des victimes humaines. Dans un sacrifice, les Romains ensevelirent tout vivants un Grec et une Grecque, un Gaulois et une Gauloise. Aujourd'hui encore ces mêmes Romains honorent Jupiter Latiaris par un homicide : et, ce qui est digne d'un fils de Saturne, on l'engraisse, pour ainsi dire, du sang criminel d'un homme coupable. C'est ce Dieu, je pense, qui a appris à Catilina à unir par le sang les membres d'une conjuration ?

à Bellone, à souiller ses prêtres en leur faisant boire du sang humain et à guérir de même l'épilepsie par un breuvage de sang humain, mal plus grave encore, si j'ose ainsi parler. A ces gens ressemblent d'ailleurs beaucoup ceux qui dévorent la chair des bêtes fauves qui sortent de l'arène, bêtes qui sont encore teintes et souillées de sang, et qui viennent de se repaître des membres et des entrailles des victimes. Pour nous, il nous est interdit de voir ou même d'entendre parler d'un parricide. Nous avons tellement peur de répandre le sang humain, que nous ne nous nourrissons même pas du sang des animaux.

En ce qui concerne maintenant cet incestueux festin, c'est une immense fable qu'inventèrent tous les démons réunis, pour souiller par une infamie la gloire que nous attire notre pudicité ; pour que l'horreur d'un bruit si criminel détournât de nous les hommes, tant que la vérité ne serait pas connue. C'est pourquoi notre compatriote Fronton, loin d'en affirmer l'existence par un témoignagne assuré, a présenté cette fable comme un discours injurieux, à la façon des calomnies que disent les orateurs. Car ce sont encore là des faits qui viennent de vos pays. Il est permis chez les Perses de se marier avec sa mère. Chez les Egyptiens, à Athènes, les mariages entre frères et sœurs sont légitimes. Dans les comédies et les tragédies, vos auteurs semblent vouloir glorifier les incestes. Vous les lisez et les écoutez volontiers et vous en arrivez à adorer des dieux incestueux, qui se sont mariés à la fois avec leur mère, leur fille et leur sœur. Voilà donc pourquoi il s'en commet toujours. Malheureux que vous êtes, vous pouvez tomber jusqu'à ce vice sans vous en douter, puisque vous aimez çà et là au hasard, que vous faites des enfants un peu partout, puisque souvent même vous exposez ceux qui sont nés chez vous à la miséricorde d'autrui ! Il est nécessaire que vous vous rencontriez un jour avec les vôtres, que vous soyez vicieux envers vos enfants. Vous vous préparez une matière d'inceste et vous n'en avez pas conscience ! Nous, au contraire, notre pudeur ne s'étale pas sur notre visage, mais elle est dans notre âme. Nous ne nous assujettissons volontiers qu'aux liens d'un seul mariage. Nous ne désirons qu'une femme pour avoir des enfants, ou nous n'en désirons aucune. Nos banquets non seulement sont chastes mais sobres. Loin de nous abandonner aux mets délicats et d'arroser notre banquet de vin, nous égayons de notre joie notre sobriété. Nous écoutons des discours chastes et nos corps sont plus chastes encore. La plupart d'entre nous jouissent d'une virginité perpétuelle et inviolable et ils s'en glorifient. Enfin nous sommes tellement loin de désirer l'inceste, que même un embrassement pudique en fait rougir plusieurs. Il ne faut pas non plus nous prendre pour les derniers du peuple parce que nous refusons vos honneurs et vos pourpres; nous considérer comme des factieux parce que nous avons tous un même idéal de bien et que nous sommes aussi tranquilles dans nos assemblées qu'en particulier. Nous bavardons en secret, dites-vous? Mais vous avez honte ou peur de nous entendre en public! Pour ce qui est de notre nombre qui tous les jours s'accroît, ce n'est point une preuve d'erreur, mais au contraire la preuve qu'on nous loue. Dans une secte dont le genre de vie est beau en effet, non seulement le nombre des membres demeure stable, mais encore des étrangers viennent l'accroître. Enfin si nous nous reconnaissons facilement en nous voyant, ce n'est pas, comme, vous le croyez, à quelque signe corporel, mais à notre air innocent et modeste. Et si nous nous aimons mutuellement, ce dont vous vous plaignez, c'est que nous ne connaissons point la haine : aussi, et vous en ragez, nous nous appelons frères, parce que nous considérons Dieu comme notre père à tous, parce que nous sommes unis par une même foi, attachés les uns aux autres par une même espérance. Tandis que vous, vous ne vous connaissez même pas entre vous; vous vous haïssez mutuellement et vous ne vous appelez frères que pour commettre des parricides.

Quant au Dieu que nous adorons, vous croyez que c'est le tenir caché, que de n'avoir pour son culte ni temples, ni autels? Mais comment représenter ce Dieu? Jugez sainement, l'homme n'est-il pas lui-même une représentation de Dieu? Quel temple lui bâtir, à lui que tout cet univers, qu'il a pourtant créé, ne pourrait contenir? Et moi, simple mortel, je serai plus au large dans une vaste maison, cependant que j'essaierai d'enfermer cette puissance et cette majesté sans bornes entre les quatre murs d'une toute petite chapelle? Ce Dieu? ne vaut-il pas mieux le consacrer dans notre esprit et notre cœur? A quoi bon offrir au Maître des bêtes, des victimes qu'il créa à notre usage? Lui restituer ses présents! Quelle ingratitude! Mais la meilleure des victimes n'est-ce pas une bonne volonté, un esprit pur, une conscience sincère? Pour nous, celui qui a le culte de l'innocence fait des offrandes à Dieu; celui qui aime la justice, lui offre des sacrifices suffisants. Celui qui hait le mensonge, l'invoque et l'apaise; celui qui arrache un homme au péril immole au maître une grasse victime. Voilà quels sont nos sacrifices et les honneurs que nous rendons à Dieu! Pour nous, l'homme le plus juste est le plus religieux.

Mais, dites-vous, ce Dieu que nous adorons, nous ne pouvons ni le faire voir, ni le voir nous-même ? Bien mieux, c'est ce qui justement nous fait croire qu'il est Dieu, cet être que nous sentons, mais que nous ne pouvons voir. Dans toutes ses œuvres et dans tous les changements du monde, nous sentons sa puissance toujours présente, que le tonnerre gronde, que les éclairs brillent, que la foudre tombe ou que le ciel soit serein. Rien d'étonnant d'ailleurs à ce que Dieu ne soit pas visible. Le vent souffle, et vous voyez tout se mouvoir, vibrer, s'agiter, mais voyez-vous les souffles du vent ? C'est grâce au soleil que vous pouvez voir toutes choses, et vous ne pouvez regarder le soleil lui-même. Ses rayons blessent la vue, éblouissent ceux qui veulent le contempler, rendent aveugles ceux qui sont trop longtemps à le regarder. Qui donc pourrait alors soutenir la vue de l'auteur même de ce soleil, d'une telle source de lumière ? Quand de simples éclairs font détourner vos yeux et que vous les fermez tout à fait lorsque la foudre tombe ! Homme, tu voudrais voir Dieu avec tes yeux de chair, alors que tu ne peux ni voir ni contempler ta propre âme, cette âme qui te fait vivre et parler ! Mais Dieu du moins ignore ce que font les hommes ; logé dans son Ciel, il ne peut à la fois s'occuper de tous et les connaître tous en particulier. Pauvre mortel ! tu erres, tu te trompes toujours. D'où te vient cette idée que Dieu est loin de nous, quand tout ce qui existe sur la terre comme au ciel, quand tout ce qui est même en dehors de cet univers, quand tout cela est plein de Dieu. Ce Dieu, il est partout; non pas auprès de nous, mais en nous-mêmes. Voyez le soleil encore une fois : il est fixé au ciel et pourtant il s'épand sur toute la terre. Il est également présent et se mêle intimement à toutes choses; jamais sa clarté ne s'éteint. A plus forte raison Dieu qui créa et règle toutes choses, et pour lequel il ne peut y avoir rien de secret. Il est là, au milieu des ténèbres. Il est là, dans nos âmes, comme dans de secondes ténèbres. Non seulement nous agissons sous sa direction, mais encore, si j'ose m'exprimer ainsi, nous vivons avec lui. Et ne nous glorifions point de notre nombre; il nous semble que nous sommes beaucoup, mais nous sommes bien peu devant Dieu. Nous, nous distinguons les différentes races, les différentes nations. Pour Dieu le monde entier n'est qu'une seule et même maison. Ce n'est que par les rapports de leurs ministres que les rois peuvent arriver à savoir tout ce qui se passe dans leurs royaumes. Dieu n'a pas besoin de rapports : tous, non seulement nous vivons sous ses yeux, mais encore dans son sein.

Quant aux Juifs, il ne leur a été d'aucune utilité d'honorer, eux aussi, d'autels et de temples un seul Dieu avec tant de superstition. C'est une erreur dont votre ignorance est la cause. Car (avez-vous oublié, ou ignorez-vous les premiers événements ?) vous ne considérez que les derniers. Tant que les Juifs adorèrent notre Dieu (car c'est aussi le Dieu de tout le monde) ; tant qu'ils l'ont chastement, innocemment, pieusement honoré ; aussi longtemps qu'ils obéirent à ses sages préceptes, de peu qu'ils étaient, ils devinrent innombrables, de pauvres ils devinrent riches, d'esclaves ils devinrent rois. Ils étaient peu nombreux et sans armes, fuyant devant une multitude de soldats bien armés. Mais sur l'ordre de Dieu, et grâce à l'aide des éléments ils submergèrent ceux qui les poursuivaient. Relisez les écrits qui les concernent, particulièrement les auteurs romains, s'ils vous sont plus agréables, et, pour laisser de côté les vieux écrivains, cherchez dans Flavius Josèphe *, ou dans Antonius Julian, des renseignements sur les Juifs. Vous verrez alors qu'ils méritèrent leur sort par leur mauvaise conduite. Rien ne leur arriva d'ailleurs, sans qu'on le leur ait prédit, bien auparavant, s'ils continuaient à mal vivre. C'est donc eux, vous le comprendrez facilement, qui abandonnèrent leur Dieu et non leur Dieu qui les abandonna. Et c'est une erreur de croire qu'ils furent pris avec leur Dieu ; car c'est ce Dieu lui-même qui les livra, pour les punir d'avoir déserté sa doctrine. C'est encore une erreur vulgaire, pour ce qui est de l'embrasement final de l'univers, de ne pas croire à l'arrivée imprévue d'un feu destructeur. Tout ce qui est né doit mourir, tout ce qui a été créé doit avoir une fin : Quel homme sage met cet axiome en doute ou l'ignore ? Le Ciel et tout ce qu'il contient, dès que l'eau douce des fontaines ou celles de la mer ne le nourriront plus, sera détruit par la violence du feu : c'est là l'opinion constante des Stoïciens ; Dès que l'eau de l'univers sera épuisée, on verra s'embraser le monde tout entier. Les Épicuriens ont, sur l'embrasement des éléments et sur la fin du monde, une opinion tout à fait semblable. Quant à Platon, il soutient que toutes les parties du monde sont tantôt inondées, tantôt en flammes. S'il veut que le monde ait été créé perpétuel et insoluble, il ajoute cependant que Dieu seul peut le détruire et le dissoudre. Rien d'étonnant à ce que cette masse puisse être détruite par son auteur. Vous pouvez donc constater que les philosophes disent absolument la même chose que nous. Non pas que nous suivions leurs traces, mais c'est eux qui, connaissant les divines prédictions de nos prophètes, les ont imités en nous donnant une fausse ombre de vérité.

Voilà pourquoi les plus illustres des sages, Pythagore qui est le premier et Platon qui est le plus grand, nous ont transmis les conditions de la résurrection, mais avec une bonne foi imparfaite et corrompue. D'après eux, les corps se dissolvent et les âmes seules demeurent. Eternelles, elles passent le plus souvent dans d'autres corps. Ils ajoutent d'ailleurs, et ce pour embrouiller la vérité, que les âmes des hommes reviennent dans des corps de bestiaux, d'oiseaux, d'animaux de toute sorte. C'est là une opinion plus digne d'exciter les huées des auditeurs que d'être examinée au point de vue philosophique. Du reste, il me suffit que sur ce point vos sages s'accordent en une certaine façon avec nous. Qui pourrait être assez sot, assez stupide pour oser douter que Dieu qui créa une fois l'homme, ne puisse pas le recréer une seconde fois ; que cet homme n'est rien après la mort comme il n'était rien avant la naissance ; et que puisqu'il est né de rien, il peut encore une fois être ressuscité de rien ? Bien mieux n'est-il pas beaucoup plus difficile de commencer ce qui n'est point que de renouveler ce qui a déjà été ? Si quelque chose échappe à tes faibles yeux, tu crois ce quelque chose perdu pour Dieu ! Un corps, qu'il soit réduit en poussière, qu'il se résolve en eau, qu'il devienne tas de cendres ou qu'il s'évanouisse en fumée, est toujours soustrait à notre vue. Mais Dieu est là, qui garde les atomes qui composaient ce corps. Nous ne craignons pas non plus, comme vous croyez, un mal quelconque que pourrait nous éviter l'enterrement, mais nous nous en tenons à la plus vieille et à la meilleure façon d'inhumer. Voyez encore comme toute la nature, pour nous consoler, travaille à nous donner l'idée d'une résurrection future. Le soleil disparaît et renaît. Les étoiles quittent le ciel mais reviennent. Les fleurs se fanent et revivent. Les arbres vieillissent, puis se couvrent de nouvelles feuilles ; les semences pourrissent pour reverdir ensuite. Le corps, pendant la durée de la vie, ressemble aux arbres pendant l'hiver. Tous deux cachent leur verdeur sous une fausse sécheresse. Pourquoi donc se hâter de le faire revivre et revenir au plus fort de l'hiver ? Le corps a aussi son printemps qu'il nous faut attendre. Je n'ignore pas que beaucoup de gens, conscients du peu qu'ils valent, souhaitent, bien plutôt qu'ils ne le croient, de n'être rien après la mort. Car ils aiment mieux être anéantis complètement que de renaître pour souffrir. C'est une erreur encore plus grave, étant données la liberté avec laquelle ils ont vécu et la patience infinie de Dieu : Il est vrai que son jugement est d'autant plus sûr qu'il est plus lent. Cependant les hommes les plus instruits nous avertissent dans leurs livres, les poètes aussi vous parlent dans leurs vers de ce fleuve de feu, de ce marais du Styx que les flammes entourent, endroits tout préparés pour d'éternels supplices. Ils ont demandé ces renseignements aux démons ou les ont pris dans les oracles de nos prophètes qu'ils connaissent. Aussi chez ces auteurs on voit Jupiter jurer, en invoquant un gouffre noir et des rives brûlantes. Ces dieux savent à l'avance que c'est là le châtiment qui leur est réservé à eux et aux païens qui les adorent; ils en tremblent d'horreur. Car ces tourments n'ont ni fin ni mesure. Là un feu pour ainsi dire savant brûle les membres et les recrée, les consume et les entretient à la fois. Ces flammes, comme celles de la foudre, touchent les corps sans les réduire en cendres; comme celles de l'Etna, du Vésuve et de tous les volcans, elles brûlent sans détruire. Ce feu, châtiment des damnés, ne peut pas s'apaiser, mais il se nourrit en rongeant toujours des corps qu'il n'achève jamais. Que ceux qui ignorent Dieu, méritent d'être punis comme des impies et des injustes, personne n'en doute; car il est aussi criminel d'ignorer l'auteur et le maître de toutes choses que de l'offenser. Si cette ignorance suffit à nous faire condamner, la connaissance que nous avons de Dieu suffit donc déjà à nous faire pardonner. Que les chrétiens se comparent cependant avec vous : certes, à plusieurs points de vue nous sommes inférieurs, et pourtant on nous trouve meilleurs que vous.

Tout en condamnant l'adultère, vous le pratiquez ; nous, nous ne sommes hommes que pour nos femmes. Vous punissez les crimes une fois commis. La pensée seule d'un crime est pour nous un péché. Vous craignez les témoins ; nous craignons notre conscience qui toujours nous accompagne. Enfin vous emplissez les prisons, alors que vous n'y voyez jamais un chrétien, si ce n'est un homme accusé pour avoir abandonné votre parti et pour sa religion.

N'invoquez pas le Destin ; * ne cherchez en lui ni consolation, ni excuse. Un événement heureux dépend du sort, mais l'esprit de l'homme est toujours libre. Aussi ce sont les actes de chacun que Dieu juge et non pas la fortune. Car, après tout, qu'est-ce que le Destin, sinon ce que Dieu a décidé pour chacun de nous. Il connaît à l'avance ce qui sera comme la matière de nos actes, et il fixe le destin de chaque homme suivant ses qualités et ses mérites. Il ne punit point la naissance, mais la perversité de l'esprit. D'ailleurs, en voilà assez sur le destin. Vous trouvez que c'est peu ? c'est assez pour le moment ; un autre jour, nous aurons sur ce sujet une discussion plus longue et plus claire. On estime d'autre part que beaucoup d'entre nous sont pauvres ; ce n'est point honteux pour nous, mais glorieux. Si le luxe fait se relâcher l'esprit, la frugalité au contraire le fortifie. Est-ce d'ailleurs un pauvre que celui qui ne manque de rien, qui n'envie point le bien d'autrui, et qui est riche devant Dieu ? Bien plus pauvre est l'homme qui possède beaucoup mais qui désire toujours posséder davantage ! Enfin je dirai, ce qui me semble juste : « Personne n'est jamais plus pauvre qu'au moment de la naissance. Les oiseaux vivent sans propriétés. Les troupeaux paissent au jour le jour. Cependant toutes choses sont nées pour nous et sans les désirer, nous les possédons. Semblable au voyageur que rend heureux un bagage léger, dans ce voyage de la vie, l'homme heureux est celui que soulage sa pauvreté, et non pas celui qui soupire, accablé par le faix de ses richesses. Et ces biens terrestres, si nous les jugeons utiles, nous pourrions les demander à Dieu, qui les créa tous et nous en abandonnerait certainement une partie. Mais nous aimons mieux mépriser les richesses que les amasser ; nous recherchons plutôt une vie innocente, patiente ; nous préférons être bons, plutôt que d'être prodigues. De même si nous sentons et supportons des souffrances corporelles inhérentes à notre nature d'homme, ce n'est point un châtiment, mais un combat. Les épreuves affermissent le courage et le malheur est souvent un bon exercice pour la vertu. Le corps et l'esprit perdent leurs forces quand on les laisse longtemps reposer sans travail et tous ces grands hommes, que vous nous donnez en exemple durent leur gloire à leurs malheurs. Il ne s'ensuit pas que Dieu ne puisse ou ne veuille pas nous secourir. Il peut tout et aime les siens, mais il observe avec soin chacune de ses créatures dans l'adversité. Il met le courage de tous à l'épreuve au moyen de dangers ; jusqu'à la mort il scrute la volonté de l'homme, sûr de ne rien perdre de ce que cet homme a fait. Comme le feu éprouve l'or, il nous éprouve par les souffrances. Quel beau spectacle pour Dieu de voir une créature aux prises avec la douleur, résister aux menaces, aux supplices, aux tourments ; se rire de la mort et braver les bourreaux, proclamer la liberté en face des rois et des princes ! ne céder qu'à Dieu seul, son créateur ! lorsque, triomphant et vainqueur, il se moque du juge qui vient de le condamner. Car c'est bien le vainqueur ; il a obtenu ce qu'il désirait. Quel est le soldat qui ne se jette pas audacieusement au-devant des dangers, sous les yeux de son général ? Personne n'est récompensé avant d'avoir prouvé sa valeur. Cependant un simple général ne peut donner ce qu'il n'a pas. Il ne peut pas prolonger la vie d'un soldat ; tout au plus peut-il rendre sa condition meilleure, tandis que le soldat de Dieu n'est ni abandonné dans la douleur, ni anéanti par la mort. Aussi le chrétien peut paraître malheureux, il ne l'est pas en réalité. Vous-mêmes élevez jusqu'au ciel des hommes malheureux, par exemple Mucius Scævola * qui manqua son coup contre le roi, et aurait été tué par les ennemis, s'il n'avait pas fait le sacrifice de sa main droite. Combien chez nous ont eu, non pas seulement la main droite, mais tout le corps brûlé, consumé, sans pousser un cri, alors qu'ils pouvaient parfaitement échapper à ce supplice. Et ce sont des hommes que je compare à Mucius, * à Régulus * ! mais nos enfants, nos femmes se jouent, grâce à une patience que leur inspire Dieu, des croix, des tourments, des bêtes fauves, de toutes les horreurs des supplices. Vous ne comprenez donc pas, malheureux que vous êtes, que personne ne voudrait subir de souffrance sans raison, ou ne pourrait soutenir ces tourments sans l'aide de Dieu ! Mais peut-être vous êtes surpris de voir des impies comblés de richesses, d'honneurs et de pouvoir. Plus les misérables seront élevés, plus leur chute sera grande. On les engraisse pour le supplice, tels les victimes ; comme elles ils sont couronnés pour mourir. Il y en a d'ailleurs qui abusent du pouvoir et de la souveraineté au point de trafiquer par la corruption de leur conduite de cette libre et aveugle puissance. Mais sans la connaissance de Dieu leur bonheur ne peut pas être solide, il ressemble à un songe ; il s'écroule avant qu'on le tienne réellement. Si tu es roi, tu crains autant tes sujets que tes sujets te craignent. Une grande troupe de gardes t'entoure, mais au moment du danger, tu es seul. Si tu es riche, la fortune t'inspire une fausse conscience et d'ailleurs pour ce petit voyage de la vie, de grandes richesses nous sont à charge plutôt qu'elles ne nous servent. Les faisceaux consulaires et les pourpres de magistrats vous éblouissent-ils ? Que l'homme est vain dans son erreur et quel culte insensé de sa dignité ! Il a le corps couvert de pourpres éclatantes, mais il a une âme malpropre. Si c'est votre noblesse dont vous vous glorifiez : remerciez vos parents, car tous nous naissons égaux en condition et seule la valeur permet de distinguer les hommes.

Pour nous, les bonnes mœurs et la pudeur nous éloignent justement de vos jouissances coupables, de vos fêtes, de vos spectacles. Car nous en voyons l'origine dans vos rites païens et nous en condamnons, comme nuisibles, les agréments qu'on y peut trouver. Voyez les jeux du cirque : peut-on ne point haïr la folie de cette foule qui se bouscule, et ces gladiateurs qui nous donnent des exemples d'homicide ? Et dans vos théâtres, quelle fureur et quelles horreurs plus grandes encore ? On voit les acteurs raconter des adultères ou en commettre ; tantôt par ses gestes lascifs le comédien, qui feint l'amour, en donne. Vous déshonorez vos dieux en leur attribuant sur la scène des vices, des soupirs, des haines. Tantôt encore ces mêmes acteurs simulent des douleurs, et provoquent vos larmes par des gestes trompeurs. Et vous qui réclamez au cirque de véritables homicides, vous pleurez au théâtre, quand ils sont simulés !

Quant aux restes de vos sacrifices, à ces vins prélibés, oui, nous les méprisons et ce n'est point là une preuve de notre crainte ; c'en est au contraire une de notre réelle liberté. Certes tout ce qui a été créé sur terre, tous ces présents de Dieu, ne peuvent êtres souillés par aucun acte humain ? mais nous les refusons cependant pour ne pas faire penser que nous cédons aux démons, qui les reçurent en offrandes, ou que nous rougissons de notre religion. D'autre part (qui en doute ?) c'est avec plaisir que nous voyons les fleurs printanières, que nous cueillons les roses et les lys et toutes ces fleurs dont la couleur et l'odeur sont si agréables. Tantôt nous n'en prenons qu'une seule, séparée, tantôt au contraire, nous en faisons des bouquets que nous plaçons autour de notre cou. Et si nous n'en faisons pas des couronnes, comme vous nous le reprochez, c'est que nous avons coutume de sentir les fleurs avec le nez et non avec les cheveux ou l'os occipital ! Enfin vous nous accusez de ne pas couronner les morts. Moi, ce qui m'étonne chez vous au contraire, c'est que vous donniez des couronnes à des gens privés de sentiment. S'ils sont heureux, ils n'en ont que faire ; s'ils sont malheureux, ce présent ne peut guère les réjouir. Nous, nous célébrons les funérailles avec cette même tranquillité qui préside à notre vie. Nous ne couronnons point les morts de fleurs qui se flétriraient. Car Dieu leur donnera une couronne de fleurs immortelles. Nous fiant modestement à la libéralité de notre Dieu, et pleins d'espoir dans le bonheur futur qu'il nous a promis, nous croyons toujours à la présence de sa Majesté. Ainsi nous ressuscitons pour être heureux, et nous vivons une vie que rend heureuse la contemplation de l'avenir. Que ce facétieux Athénien qui s'appelle Socrate* avoue donc son ignorance, bien que le témoignage d'un démon trompeur l'ait longtemps couvert de gloire ! Qu'Arcésilas*, Carnéades *, Pyrrhon * et tous les philosophes de l'Académie* réfléchissent encore. Que Simonide * continue son éternel délayage ! Nous méprisons ces philosophes qui froncent le sourcil, car nous savons que ce sont des corrupteurs, des adultères, des tyrans, et qu'ils parlent contre leurs propres vices. Mais nous qui n'affichons pas notre sagesse, nous la portons dans notre cœur ; nous qui recherchons les belles actions et non les beaux discours, nous nous faisons gloire d'avoir découvert ce qu'ils ont tant cherché sans l'avoir pu trouver. Pourquoi être ingrats ? pourquoi nous jalouser nous-mêmes, si la vérité divine a attendu notre époque pour apparaître enfin ? Jouissons de notre bonheur et que la raison règle nos opinions. Chassons la superstition, bannissons l'impiété et servons en un mot la seule et vraie religion. »

Octavius avait terminé : nous restâmes un moment silencieux et stupéfaits, les yeux fixés sur lui. En ce qui me concerne, j'étais béant d'admiration, tellement il avait bien su enrichir d'arguments, d'exemples, de l'autorité des références, des choses qu'il est certes bien plus facile de sentir que d'exprimer. Il s'était servi, pour réfuter nos adversaires, des mêmes passages de leurs philosophes, qu'ils invoquaient précisément pour défendre leur cause. En un mot il avait montré la vérité, et une vérité facile et même agréable à entendre. Je me taisais et réfléchissais à tout cela, lorsque Cécilius s'écria tout à coup : « Je félicite beaucoup mon cher Octavius, et je loue l'accord dans lequel nous vivons ; mais je me félicite encore plus moi-même. Je n'attends point la sentence. Oui, nous avons vaincu ; oui, en combattant déloyal, j'usurpe la victoire. Car si Octavius m'a vaincu, moi j'ai triomphé de l'erreur. Aussi en ce qui concerne la question principale, je reconnais une providence, je crois à l'existence d'un Dieu et je conviens de la sincérité de cette secte chrétienne, qui est maintenant la mienne. Cependant il subsiste quelques détails qui, sans choquer directement la vérité, nécessitent une plus parfaite instruction. C'est pourquoi demain (aujourd'hui le soleil est déjà sur son déclin), je vous interrogerai sur tout avec plus d'à-propos et de liberté. » « Mais moi, dis-je, je me réjouis à mon tour et plus que vous, parce qu'Octavius a remporté une victoire, qui m'intéresse. Elle m'évite en effet l'ennui suprême de juger. Je ne puis cependant par mes paroles louer assez le mérite de l'orateur. C'est peu que le témoignage d'un homme et surtout d'un homme seul. Dieu lui a déjà accordé une récompense remarquable en l'inspirant pour qu'il puisse parler, en l'aidant pour qu'il puisse vaincre. »

Puis nous nous séparâmes joyeux et contents. Cécilius parce qu'il avait cru ; Octavius parce qu'il avait vaincu ; et moi heureux de la conversion de l'un et de la victoire de l'autre...

Niort, juillet 1910.
Paris, novembre 1910.

F. RECORD.

LEXIQUE

LEXIQUE

Où sont réunis divers renseignements nécessaires à la connaissance des personnages cités dans l'*Octavius*.

Académie. — C'était une vaste place au bord du Céphise à 6 ou 8 stades de la porte Dipyle d'Athènes ; elle fut plus tard employée comme gymnase ; Cimon l'orna d'allées de platanes et d'oliviers. C'est dans ces jardins que Platon et ses successeurs enseignèrent, d'où le nom donné à leur école.

Acca Laurentia. — Il y eut deux Acca Laurentia ou Larentia. L'une bien connue, femme du berger Faustulus, qui nourrit Romulus et Rémus. L'autre ou peut-être la même, suivant une autre tradition (Cf. Macrobe, *Satires,* I, 10), fut une courtisane qui vivait au temps de Romulus. Son inconduite lui avait mérité le nom de *lupa :* louve (Cf. Mommsen, *la vraie et la fausse Acca Laurentia,* dans les *Rom. Forschüngen,* II).

Allia. — Aujourd'hui Aja, rivière de l'ancienne Italie, affluent du Tibre, qui arrosait Crustumerium, à 16 kilomètres N.-E. de Rome. Les Gaulois y battirent les Romains en 390.

Amphiaraüs. — Devint célèbre, un des Argonautes. Gendre d'Adraste, roi d'Argos, il refusa de le suivre pour secourir

Polynice, parce que, d'après l'oracle, il devait périr à Thèbes. Il se cacha, mais sa femme Eriphyle, séduite par l'offre d'un collier, découvrit sa retraite, et il fut obligé de marcher contre Thèbes, où il fut englouti sous terre. Divinisé, il rendait encore des oracles. On lui sacrifiait un bélier, sur la peau duquel on dormait pour recevoir en songe les réponses du dieu.

Anaxagore. — Philosophe ionien (500-428 av. J.-C.), un des successeurs de Thalès qui découvrit la cause des éclipses, et, le premier, reconnut outre la nécessité et le principe vital, un principe intelligent, noos (νοος), auquel il ne donnait pas encore le nom de Dieu. Accusé d'impiété, il dut se retirer à Lampsaque où il mourut à 70 ans.

Anaximène. — Philosophe ionien (mort vers 480 av. J.-C.). Disciple d'Anaximandre, il inventa, selon Pline, les cadrans solaires et fit placer le premier à Lacédémone.

Antisthène. — Philosophe grec, chef de l'école des Cyniques (né vers 424, mort à 72 ans). Le souverain bien était, selon lui, l'unique but de la vie humaine, et ne consistait que dans la vertu. La vertu consistait elle-même dans la ressemblance avec Dieu.

Anubis. — Dieu de l'ancienne Égypte, adoré d'abord sous la forme du chien, plus tard sous la forme humaine, avec une tête de chien. Il présidait à l'approche de la mort, et accompagnait les défunts devant le tribunal d'Osiris.

Apis. — Dieu de l'ancienne Egypte, adoré sous la forme d'un bœuf noir avec taches blanches à la tête et au côté droit. Il était nourri à Memphis, y avait deux temples, y rendait des oracles. Symbole de Phtah et d'Osiris.

Aquilius. — Sans doute le Manus Aquilius qui fut consul de Rome en 129 av. J.-C., et acheva la guerre contre Aristonic.

Arcésilas. — Philosophe grec, fondateur d'une seconde et moyenne Académie, et qui vécut de 316 à 241 av. J.-C.

Aristo ou Ariston. — Philosophe de l'île de Chio ; il fonda l'école sceptique.

Aristote. — Le grand philosophe grec, chef de l'école péripatéticienne. Je renvoie au merveilleux article qui le concerne dans le *Dictionnaire de Biographie et d'Histoire* (Dezobry et Bachelet).

Arvales. — Collège de 12 prêtres remontant à Romulus et devant l'origine à l'association de ce prince avec les onze fils d'Acca Laurentia. On connaît très exactement les rites de leur culte, car on a trouvé dans les ruines de leur temple de nombreux procès-verbaux de leurs réunions gravés sur pierre.

Astarté. — Divinité phénicienne ; c'est l'*Astaroth* de l'Ecriture Sainte et la Vénus Uranie des Grecs. Ses plus beaux temples étaient à Hiéropolis et à Tyr.

Atys ou Attis. — Berger de Phrygie, qui fut aimé de Cybèle, puis la dédaigna ; celle-ci le punit de son inconstance. Les légendes qui le concernent sont extrêmement variées. Les fêtes en son honneur se célébraient au printemps.

Bélus. — Chef assyrien vers l'an 2000 av. J.-C. Il délivra d'une invasion d'Arabes la région du Tigre et de l'Euphrate. On lui rendit les honneurs divins. Il était, dit-on, le père de Ninus.

Bellone. — Déesse de la guerre, sœur, fille, ou épouse de Mars. Son temple à Rome servait d'audience au Sénat pour les ambassadeurs étrangers.

Briarée. — Géant marin à 100 mains et 50 têtes, fils du Ciel et de la Terre. Il se révolta contre Jupiter qui le précipita dans un abîme, mais l'appela ensuite à son aide contre les Titans.

Busiris. — Roi d'Egypte, fils de Neptune, qu'Hercule tua pour mettre fin à ses sacrifices humains, ou, suivant une autre légende, pour le punir du rapt des Atlantides. On l'a identifié à tort avec Osiris.

***

Camille. — Célèbre général romain, six fois tribun militaire, une fois censeur, quatre fois honoré du triomphe, nommé dictateur l'an 357 de Rome, pour terminer le long siège de Véies et battre les Falisques. Disgracié par les Romains à son retour, pour avoir détourné une partie du butin, il s'exila, espérant qu'on le regretterait. Il fut en effet rappelé, et dictateur une seconde fois, il chassa les Gaulois de Rome en 390. Il devait mourir de la peste en 365.

Capitolinus. — Surnom donné à Jupiter, parce qu'il avait sauvé le Capitole de l'invasion des Gaulois. Un collège spécial de prêtres faisait célébrer des jeux en son honneur.

Carnéade. — Philosophe grec fondateur de la troisième Académie (215-126 av. J.-C.). Il ne reste rien de lui : son système était le probabilisme, scepticisme mitigé : l'homme ne peut, selon lui, connaître la vérité et est réduit à la vraisemblance. Sa loi morale aurait été (cf. Cicéron, *Académie*, II, 42) la satisfaction des premiers besoins de la nature.

Centaures. — Monstres de la mythologie, issus d'Ixion et de Néphélé. Ils furent célébrés par les poètes (cf. Ovide) et les sculpteurs (Phidias, Alcamène). D'abord corps d'hommes auxquels s'adaptaient des croupes de chevaux, ils ne conservèrent bientôt plus que la tête humaine. Les plus connus sont Pholos, Messus, Apharée, etc...

Cérès. — Déesse de l'agriculture, elle enseigna cet art aux hommes. Fille de Saturne et de Cybèle. Les principaux traits de sa fable sont ses courses errantes à travers le monde pour retrouver sa fille enlevée par Pluton. Son culte était mystérieux. C'est en son honneur qu'on célébrait en Grèce les Eleusinies et les Thesmophories et à Rome les Jeux Céréaux.

Chimères. — La Chimère la plus connue était celle qui était née de l'hydre de Lerne. Elle avait une tête de lion, une queue de dragon, un corps de chèvre et vomissait des flammes. Bellérophon, monté sur Pégase, la combattit et la tua.

Chrysippe. — Philosophe stoïcien (280-207 av. J.-C.). Il défendit sa doctrine contre les Académiciens Arcésilas et Carnéade et mérita d'être appelé le second fondateur du portique. Il pensait que la divinité et l'âme humaine sont matérielles. Habile dans la dialectique jusqu'à la subtilité, il avait, selon Diogène Laerce, composé plus de 700 ouvrages.

Cléanthe. — Un athlète, un garçon jardinier qui devint un des Stoïciens grecs les plus connus. Sa popularité fut telle chez les Athéniens, que ceux-ci voulaient exiler un poète comique qui l'avait raillé. Il ne nous reste de lui qu'un très bel hymne à Jupiter qu'a traduit L. Racine.

Cloacine. — Il y en eut deux : l'une (*cluere* — purger, purifier), n'était qu'une Vénus particulière, placée à Rome, dans la voie Sacrée, au lieu où les Romains et les Sabins, après s'être combattus, s'étaient réconciliés et purifiés du sang versé. — L'autre était une déesse secondaire des cloaques et des égouts.

Consus. — Divinité de l'ancienne Italie, qui inspirait de bons conseils. Ce fut pendant une fête en son honneur que les Romains enlevèrent les Sabines. Quelques-uns pensent que ce Consus était le même que le Neptune équestre dont la statue était dans le grand cirque.

Crassus (Marcus Licinius). — Illustre patricien romain ; celui qui fit partie du triumvirat Pompée-Crassus-César (61 av. J.-C.). Inculpé dans l'affaire de Catilina, il prit le gouvernement de la Syrie et déclara la guerre aux Parthes. Malgré les avis de son lieutenant Cassius et du roi d'Arménie, son allié, il s'engagea dans les plaines de la Mésopotamie, fut enveloppé près de Carrhes par Suréna, vit périr son fils et 3.000 Romains, et fut mis à mort dans une entrevue qu'il avait acceptée (an 700 de Rome, 53 av. J.-C.).

Curtius. — Jeune patricien romain qui en 362 av. J.-C., se dévouant aux dieux infernaux, se précipita, armé de toutes pièces et monté sur son cheval, dans un gouffre inopinément ouvert sur le Forum et que rien ne pouvait combler. Selon la tradition, le gouffre se referma aussitôt sur lui.

Cybèle. — Déesse de la terre, adorée primitivement chez les Phrygiens. Regardée comme la génératrice de toutes choses elle avait reçu les surnoms de mère et de grande. Son culte ne fut introduit à Rome que vers la deuxième guerre punique.

*
* *

Démocrite. — Philosophe grec, né en 470, d'une famille illustre. Il voyagea en Égypte et à son retour s'attacha à Leucippe. Il expliquait le monde par la théorie des atomes, se mouvant dans le vide. Il ramenait la connaissance à des images émanant des corps et reçues par nos sens. En morale, il fallait, selon lui, considérer dans tout le côté risible. Cicéron n'hésitait pas à le placer pour son style à côté de Platon.

Denys (l'Ancien). — Un des tyrans de Syracuse. Soutenu par l'historien Philiste, il finit par renverser ses collègues, les accusa et fut déclaré seul souverain à 25 ans. Mais ses proscriptions et ses injustices suscitèrent bientôt deux complots qu'il réprima. Malgré ses cruautés, il faut lui rendre cette justice qu'il rendit presque à la Sicile son indépendance, agrandit considérablement Syracuse et protégea les lettres et les arts.

Destin. — Il était célébré comme un dieu fils du Chaos et de la Nuit. On le représentait aveugle, comme s'il ignorait lui-même ses lois inévitables. Une couronne surmontée d'étoiles et un sceptre étaient le symbole de sa souveraine puissance. Les anciens reconnaissaient deux sortes d'arrêts du Destin, les uns irrévocables, que les dieux même ne pouvaient modifier, les autres, qu'on pouvait éviter avec la protection de quelque divinité.

Diagoras de Mélos. — Sophiste grec, esclave puis affranchi et disciple de Démocrite, il passa, dit-on, d'une extrême piété à un athéisme complet. Il se fit chasser d'Athènes, pour s'être moqué avec Alcibiade des mystères d'Eleusis. Il écrivit des lois pour Mantinée et cultiva la poésie lyrique.

Diane. — C'est l'Artémis des Grecs ; l'origine de son nom est inconnue. La mythologie la présente sous trois aspects : Diane, Hécate et Phœbé. De là les épithètes de *trivia, triformis, triplex.* Diane partage les attributs d'Apollon. Elle se plaît à lancer des flèches, c'est la déesse de la chasse. Elle avait, chez les Romains, entre autres attributs, celui de présider à la naissance des enfants.

Diogène d'Apollonie. — Philosophe de l'école ionienne ; disciple d'Anaximène. Il regarde l'air comme principe de toutes choses. Accusé d'impiété, il faillit perdre la vie. Il avait écrit un ouvrage *De la nature*, dont Diogène Laerce nous a conservé le début.

Diogène de Babylone. — Disciple de Chrysippe ; devint un des chefs de l'école stoïcienne. Les Athéniens le choisirent avec Critolaüs et Carnéade pour aller en ambassade à Rome, où il ouvrit une école de dialectique.

Dindyme. — Montagne de l'Asie Mineure, dans la presqu'île de Cyzique.

***

Ennius. — Poète épique, tragique et satirique latin (239-169 av. J.-C.) Ami intime de Scipion l'Africain, il fut enterré dans le tombeau de cette famille illustre. Il composa des annales, des satires, et traduisit pour la scène romaine quelques pièces d'Euripide dont il reste des fragments.

Epicure. — Célèbre philosophe grec (341-270 av. J.-C.). Son éloquence, la clarté de ses doctrines, la pureté de ses mœurs attirèrent autour de lui de nombreux disciples. On n'a retrouvé que des fragments des livres II et XI d'un

Traité sur la Nature. (Cf. Durondel, *Vie d'Epicure*, 1679, et Guyau, *la Morale d'Epicure*, 1878.)

Epone ou Epona. — Divinité des écuries et des étables chez les anciens Romains.

Esculape. — Fils d'Apollon et d'Arsinoé, il fut enlevé par le centaure Chiron, de qui il apprit l'art de guérir. Sur la plainte de Pluton, faisant valoir quels torts lui causaient une science si profonde, il fut frappé de la foudre par Jupiter. A Epidaure, sa statue d'ivoire et d'or, œuvre de Thrasmène, le représentait assis sur un trône, tenant d'une main un bâton autour duquel s'enroulait un serpent, appuyant aussi l'autre sur la tête d'un serpent et ayant à ses pieds un chien. Le coq était aussi un animal consacré à Esculape.

Euhemerus ou Evhémère. — Philosophe et historien grec du IVe siècle av. J.-C. Il fut l'ami de Cassandre, roi de Macédonie, et visita pour lui l'océan Indien. Ennius traduisit presque toutes ses œuvres en latin.

***

Feretrius (*de ferire*, frapper). — Surnom donné par Romulus à Jupiter qui avait frappé ses ennemis et assuré la victoire aux Romains. Il lui éleva sur le Mont Capitolin un petit temple où l'on portait les dépouilles opimes et qui fut restauré par Auguste.

Fièvre. — Divinité allégorique des Romains. Elle avait trois temples, l'un sur le mont Palatin, l'autre sur le forum de Marius, le troisième à l'extrémité de la Via Longa.

Flaminius. — D'abord tribun du peuple, il propose le partage des terres sénonaises; puis, nommé consul en 223 av. J.-C., malgré l'opposition des grands, il défit les Insubriens. Une seconde fois consul en 217, il montra plus de présomption que d'habileté et perdit contre Annibal la bataille du lac Thrasimène où il périt.

Flora. — Ce doit être celle dont parle Villon dans sa *Ballade des Dames du temps jadis,* « *ne Flora,* la belle Romaine... »

Fortune. — Déesse allégorique des Grecs et des Romains. Elle a des temples un peu partout. Chez les Romains, elle est représentée chauve par derrière, aveugle, ailée, un pied sur une roue ou sur un globe en mouvement.

Frayeur. — Divinité peu connue, citée chez Tite-Live (I, 27-7).

Fronton. — Le maître de Marc-Aurèle et de Vénus. Il fut consul en 161. La découverte de plusieurs de ses ouvrages et notamment de sa correspondance avec Marc-Aurèle, a beaucoup nui à l'idée qu'on se faisait de lui d'après les éloges d'Aulu-Gelle. Son style est affecté et déclamatoire. Il recherche puérilement les archaïsmes.

***

Ganymède. — Le plus beau des mortels, fils du roi Tros. Il fut enlevé par un aigle et devint l'échanson de Jupiter. Il existe au Vatican un groupe de Ganymède enlevé par l'aigle, qui est une copie d'un chef-d'œuvre de Leocharès.

Gendre et beau-père. — Sans doute allusion aux guerres entre César et Pompée.

***

Hammon ou Ammon. — Surnom de Jupiter adoré en Afrique sous la forme d'un bélier. Il y avait un temple célèbre par ses oracles.

Héraclide du Pont. — Disciple de Platon, de Speusippe et d'Aristote. Il avait composé un grand nombre d'ouvrages philosophiques, historiques et autres. Il ne nous reste de lui que des extraits de ses traités historiques sur *les Constitutions des Etats*.

Hieron. — Le fameux tyran de Syracuse dont on ne connaît que le côté brutal et cruel. Il ne faut pas oublier que, vers la fin de sa vie, il s'adoucit, rendit ses sujets heureux, et protégea les lettres et la philosophie en appelant à sa cour Bacchylide, Simonide, Epicharme, Eschyle, Pindare, etc...

Hydre. -- Monstre de la mythologie antique, né de Tiphon et d'Echidna. Il avait neuf têtes. Hercule le chassa de son repaire avec des flèches enflammées et commença à écraser ses nombreuses têtes avec sa massue. Mais pour chaque tête qu'il abattait, il en renaissait plusieurs autres. Enfin, brûlant chaque plaie de l'Hydre au moyen de tisons, il arrêta la croissance de nouvelles têtes et sortit vainqueur du combat. Il trempa ses flèches dans le sang du monstre, afin de rendre incurables les blessures qu'il ferait.

Isis. — Déesse des anciens Egyptiens, femme ou sœur d'Osiris. Personnification de la puissance génératrice et fécondante de la nature.

Josèphe. — Historien juif (37-95) qui entra de bonne heure dans la secte des pharisiens et se distingua par son austérité. Après avoir essayé vainement de prévenir la révolte des Juifs contre Rome, il soutint énergiquement leur cause contre Vespasien et Titus. Il écrivit beaucoup. Saint Jérôme le nommait « le Tite-Live de la Grèce ».

Juba. — Roi de Numidie qui embrassa le parti de Pompée contre César et accueillit, après la bataille de Pharsale, les restes de l'armée vaincue. Il secourut Caton enfermé dans Utique, perdit la bataille de Thapsus, et se fit donner la mort en 46.

Latiaris ou Latialis. — Surnom de Jupiter protecteur du Latium.

Mancinus. — Consul romain qui se laissa enfermer avec 24,000 hommes par 4,000 Numantins dans une gorge sans issue et engagea sa parole que les Romains cesseraient les hostilités (137 av. J.-C.). Le Sénat refusa de ratifier ce traité. Mancinus se livra aux ennemis qui le renvoyèrent sain et sauf.

Mercure. — Fils de Jupiter et de Maïa, dieu de l'éloquence et des voleurs, bien connu pour ses méfaits.

Mucius Scævola. — Jeune Romain qui pendant le siège de sa ville par Porsenna (507 av. J.-C.), pénétra dans le camp et jusque dans la tente de ce prince avec l'intention de le poignarder. Il tua par erreur son secrétaire. Conduit en présence du roi, il posa sa main droite sur un brasier ardent et la laissa brûler, pour la punir, dit-il, de s'être trompée, assurant que 300 Romains étaient prêts à en faire autant. Porsenna, effrayé par tant de courage, conclut la paix avec Rome.

*
* *

Orphée. — Poète grec, dont l'existence est contestée. Né en Thrace, il prit part à l'expédition des Argonautes, perdit sa femme Euridice en Egypte et descendit la chercher aux enfers. Sous son nom parurent de nombreux hymnes du temps de Pisistrate.

Osiris. — Dieu égyptien, époux d'Isis, père d'Anubis. Divinité bienfaisante, il a enseigné aux hommes l'agriculture, les lois, le mariage. On représentait Osiris coiffé d'une mitre ou bucéphale ; ses attributs étaient la croix, le sceptre, le veau sacré et le bâton augural.

*
* *

Pâleur. — Divinité allégorique, parèdre de Mars. Tullus Hostilius lui éleva un temple à Rome après un combat contre les Fidénates. On sacrifiait à la Pâleur un chien et une brebis.

Persée.— Dernier roi de Macédoine (178-167 av. J. C.). Après avoir combattu dès l'âge de 12 ans les Barbares du Nord, il attrista la fin du règne de son père Philippe V par ses démêlés avec son frère Démétrius, qu'il fit tuer.

Perseus. — Ecrivain grec à peu près inconnu.

Phalaris. — Le fameux tyran d'Agrigente qui employa le taureau inventé par Perille. Dans ce taureau d'airain on mettait des victimes, après avoir allumé dessous un feu ardent. Phalaris fit l'essai de cet instrument de supplice sur l'inventeur lui-même. On croit que ses sujets le lapidèrent.

Picus. — Fils de Saturne et roi des Aborigènes en Italie ; aima Canente, fille de Janus, en eut Faunus et fut changé en pic-vert (*picus*) par Circé qu'il avait dédaignée.

Pilumnus ou Picumnus. — Dieu de l'ancienne Italie ; fils de Jupiter, il avait inventé l'art de fumer les terres. Particulièrement honoré chez les Etrusques, il présidait aux augures, à la tutelle des enfants et aux mariages.

Proculus. — Jurisconsulte romain, contemporain de l'empereur Néron. Partageant les idées stoïciennes, il n'admet comme bases du droit que les principes éternels de la raison, et regarde comme égales toutes les infractions à la règle.

Protagoras. — Sophiste grec, né à Abdère (489-429 av. J. C.). Portefaix dans sa jeunesse, il reçut ensuite les leçons de Démocrite, et enseigna à son tour la rhétorique, la poésie et la grammaire. Il donna des lois aux habitants de Thurium. Revenu à Athènes, il fut accusé d'impiété. Il dut s'enfuir sur une barque et périt en pleine mer.

Protésilas. — Fils d'Iphiclus et oncle de Jason, il régna sur une partie de la Thessalie. Le lendemain de ses noces, il quitta sa femme Laodamie, pour aller faire la guerre de Troie. Il descendit le premier sur le rivage asiatique, mais y fut tué presque aussitôt. Les Grecs célébraient en son honneur les fêtes dites Protésilées.

Pyrrhon. — Célèbre philosophe, né à Elis (Peloponèse), qui florissait vers 340 av. J.-C. Sa vie est très peu connue et il n'écrivit rien. Cependant on connaît sa doctrine. C'est lui qui a donné son nom au scepticisme, au doute universel,

Régulus. -- Consul romain illustre, qui remporta une victoire navale sur Hamilcar et alla ravager le pays autour de Carthage. Mais il fut fait prisonnier, et envoyé à Rome pour négocier un échange de prisonniers, il conseilla au Sénat de refuser. Fidèle à sa parole il revint et périt dans d'atroces supplices.

Scylla. — Nymphe sicilienne qui fut aimée de Glaucus, dieu marin. La magicienne Circé la métamorphosa par jalousie en un monstre horrible. Scylla, désespérée, se jeta dans la mer qui a gardé son nom sur la côte d'Italie, et où ses cris effrayaient les mariniers. C'est elle qui fit périr les vaisseaux d'Ulysse pour se venger de Circé.

Sérapis. — Dieu de l'ancienne Egypte dont l'origine et les attributions ne sont pas bien connues. C'est le Dieu préposé à la crue du Nil, à l'entrée du soleil dans le solstice d'hiver, à l'enfer, etc. Il avait un fameux temple à Alexandrie, le Serapeum.

Simonide. — Poète grec de grande valeur dont il ne reste plus que des fragments (558-460 av. J. C.)

Socrate. — Pour bien connaître la mort de ce grand homme, je renvoie aux œuvres de ses disciples et de Platon en particulier (Cf. *Apologie de Socrate, Criton*).

Speusippe. — Philosophe athénien, neveu de Platon, lui succéda en 347 av. J.-C., dans la direction de l'Académie et mourut en 330. Homme emporté et enclin à la débauche, il eut une doctrine peu connue, qui semble cependant se rapprocher du Pythagorisme.

Straton. — Philosophe péripatéticien de Lampsaque, disciple de Théophraste (320-270 av. J.-C.). Surnommé le Physicien ou le Naturaliste, il ne croyait pas nécessaire d'avoir recours à une intelligence première pour expliquer le monde, mais il en attribuait la formation et l'économie aux lois de la physique et de la mécanique. Il ne reste que quelques fragments de ses écrits.

***

Thalès de Milet. — Un des sept sages de la Grèce, fondateur de l'ancienne école d'Ionie. Il est regardé comme le créateur de la physique, de la géométrie et de l'astronomie. Il regardait l'eau comme l'élément dont toutes les choses sont composées. Il ne semble pas cependant avoir nié absolument l'intervention d'une puissance immatérielle.

Théodore de Cyrènes. — Philosophe grec de la fin du IVe siècle av. J.-C. Sectateur d'Aristippe, il fut surnommé l'Athée et exilé de sa patrie, à cause de ses opinions sur les dieux. Il vint à Athènes, où l'Aréopage le condamna, dit-on, à boire la ciguë.

Théophraste. — Il se nommait Tyrtame et le nom de Théophraste (parleur divin) lui fut donné par les auditeurs du lycée. Il s'occupa presque exclusivement de l'observation des faits, et composa un grand nombre d'ouvrages dont il reste peu. La Bruyère a rendu célèbres ses *Caractères*.

Tiberinus. — Roi d'Albe qui donna son nom au Tibre en s'y noyant ; c'était aussi la divinité du Tibre.

Timée. — Dialogue célèbre de Platon, que Cicéron traduisit en latin.

Xénophane. — Philosophe grec, fondateur de l'école Éléatique. Il dut quitter sa patrie, vécut quelque temps en Sicile et à l'âge de 80 ans, alla se fixer à Elée. Aux grossières notions de l'anthropomorphisme païen, il voulait substituer celle d'un Dieu unique, immobile, immatériel, sans commencement, ni fin. Il ne nous reste de lui que quelques rares fragments.

Xénophon. — Célèbre historien et moraliste grec (445-355 av. J.-C.) Il reçut dans l'antiquité le surnom d' « abeille attique » à cause de l'élégance et de la douceur qui règnent dans ses écrits.

* * *

Zénon. — Illustre Grec, dont toute la carrière philosophique se passa à défendre l'idéalisme éléatique que Parménide avait formulé. Il écrivit le premier en prose et passe pour le fondateur de la dialectique. On lui attribue un grand nombre d'ouvrages, dont cinq livres de *Problèmes*.

FIN

529-11. — Imp. des Orph.-Appr., F. Blétit, 40, rue La Fontaine, Paris.

www.ingramcontent.com/pod-product-compliance
Ingram Content Group UK Ltd.
Pitfield, Milton Keynes, MK11 3LW, UK
UKHW051022210726
13857UKWH00007B/1083